SEBASTIAN COPIEN

HEFTIG DEFTIG VEGAN

SEBASTIAN COPIEN

HEFTIG DEFTIG
vegan

südwest

INHALT

VORWORT → 6

VORWORT VON SEBASTIAN COPIEN →6
VORWORT VON NIKO RITTENAU →9

DIE PFLANZLICHE UMAMI-KÜCHE → 11

WIE ENTSTEHT GESCHMACK? →12
KOCHEN, DÜNSTEN, BRATEN & CO. →15
MESSER & SCHNEIDETECHNIK →18
MISE EN PLACE & MENGENANGABEN →20
K WIE KOCHEN UND KREATIVITÄT →21
BASISREZEPTE →22

GESCHMORT → 25

GERÄUCHERT → 47

GERÖSTET & GEBACKEN → 59

GEKOCHT → 81

GEDÄMPFT → 103

GEGRILLT → 125

GEBRATEN → 147

FRITTIERT → 169

REZEPTREGISTER → 190

IMPRESSUM → 192

VORWORT
VON SEBASTIAN COPIEN

Wenn ich gefragt werde, was ich am liebsten esse, kann ich meist kein konkretes Gericht nennen. Was mir allerdings sofort in den Kopf kommt, ist: deftiges Essen!

So war es also schon lange an der Zeit, meinem Lieblingsthema ein eigenes Buch zu widmen – sozusagen eine Ode an meine geliebte deftige Küche, die von Kraft, Röstaromen und wundervollen pflanzlichen Zutaten, von intensiven Geschmäckern, Konsistenzen und Aromen nur so strotzt. Hier geht es um eine deftige und geradlinige Küche, die satt und glücklich macht.

Wie ich bei meiner Arbeit in meinen Kursen und Seminaren sowie auf Showkoch- und Dinnerevents immer wieder feststelle, sind die meisten Menschen erst mal überrascht, was für eine Power in veganer Küche stecken kann. Die Betonung liegt hier natürlich auf »kann«, denn wie immer, wenn es ums Essen geht, kommt es zum einen auf die Zutaten und zum anderen auf Koch oder Köchin an, wie das Essen schmeckt. Wenn Gemüse nicht schmeckt, liegt es nicht am Gemüse (sondern am Koch). Das soll aber nicht heißen, dass gute Qualität unwichtig wäre. Gemüse aus meinem Kochschulgarten, frisch geerntet, schlägt die konventionelle Ware um Längen. Wenn aber jemand, der nicht kochen kann oder keine Liebe zu Gemüse hat, das allerbeste Gemüse verarbeitet, kommt dabei eben auch meist etwas Mittelmäßiges heraus.

Und genau hier komme ich mit meiner Arbeit ins Spiel, denn ich beschäftige mich seit vielen Jahren sehr intensiv mit Kochen, Genuss, Geschmack und pflanzlicher Küche. Bei meiner Passion dreht sich also alles darum, wie man diese Techniken der neuen Gemüseküche an Hobbyköche, aber auch Profis weitergibt, damit so viele Menschen wie nur möglich sehen, dass vegane Küche nichts mit Hasenfutter zu tun hat. Natürlich liegt es an den Menschen, die das Essen zubereiten, und daran, wie sehr sich diese Menschen mit dem Thema Geschmack auseinandersetzen. Und letztlich auch daran, mit wie viel Hingabe sie sich ins Zeug legen, um ein happy machendes Gericht zu zaubern.

Der Schlüssel zur deftigen pflanzlichen Küche liegt zum Großteil in den Kochtechniken, die ich vor meiner veganen Zeit in der klassischen Küche gelernt habe. Wenn du dein Gemüse behandelst wie beispielsweise ein Steak – es also dick und gröber schneidest, gut marinierst, auf den Punkt garst und mit Röstaromen finishst – und es schön mit passenden Komponenten anrichtest, ist auf einmal ein neuer Star auf dem Teller entstanden, der vorher in der wenig beachteten Beilagenecke vor sich hin dümpelte – mit dem netten Nebeneffekt, dass das Essen kräftig, deftig, lecker und noch gesünder ist. Was will man mehr?!

Deshalb ist dieses Buch in genau diese wichtigen Kochtechniken unterteilt, damit alle Leser diese noch besser kennenlernen. Außerdem findest du auch immer wieder süße Gerichte in den jeweiligen Kapiteln. Süß und deftig – geht das? Für mich ja, denn gerade Klassiker wie Dampfnudeln oder Grießauflauf mit Kirschen gehören für mich zu einer rustikalen Küche dazu.

Ich wünsche dir von Herzen viel Freude beim Ausprobieren und beim Ausflug in meine deftige Pflanzenküche, und ich hoffe, dass sie dir ebenso viel Freude bereiten wird wie mir.

Keep smiling! Sebastian Copien

Sous-vide
DOUCE
aroma
aroma gemüse
UMAMI
HEIKO ANTONIEWICZ
Die neue vegetarische Küche
SIMPLE
KOCHEN FÜR ANGEBER
Raw!

VORWORT
VON NIKO RITTENAU

Mit Freude schreibe ich die einleitenden Worte zu dieser gelungenen Neuauflage des Buchs *Heftig Deftig vegan* meines Kollegen und guten Freunds Sebastian Copien. Diese neue Auflage besticht nicht nur durch ein neues Cover, sondern auch durch zahlreiche neue Rezeptbilder. *Heftig Deftig vegan* wird mir als Buch immer in Erinnerung bleiben, da wir nach dem Erscheinen der Erstauflage 2018 mit den Arbeiten an unseren gemeinsamen Kochbüchern begonnen haben und ich viel Freude daran hatte, Sebastians Kochkunst und seine Leidenschaft für die pflanzliche Küche in den letzten Jahren aus nächster Nähe miterleben zu dürfen.

Sebastian ist in meinen Augen einer der besten (veganen) Köche Deutschlands. Das sage ich nicht, weil ich mit ihm gemeinsam arbeite, sondern ich arbeite genau deshalb so gerne mit ihm, weil er schlichtweg zu den Besten gehört. Man muss meinen lobenden Worten aber gar nicht blind glauben, denn ein Blick in das vorliegende Buch oder eines der anderen Bücher von Sebastian untermauert dies. Spätestens wenn man die Rezepte nachkocht, wird man den Unterschied zwischen diesen veganen Rezepten und vielen anderen schmecken.

Mit den Rezepten aus dem vorliegenden Buch unterstreicht Sebastian, dass man nicht auf deftige Umami-Geschmäcker verzichten muss, wenn man sich rein vegan ernährt. Im Gegenteil – sowohl durch die Zubereitungstechniken als auch zahlreiche umamireiche vegane Lebensmittel kann man den lieb gewonnenen Geschmack deftiger fleischbetonter Küche auch ohne tierische Produkte genießen.

Dabei geht es gar nicht darum, ein und dieselben fleisch- und käsehaltigen Gerichte in einer veganen Version nachzuahmen, sondern vor allem darum, die Geschmackserlebnisse all der traditionellen Gerichte in einem neuen Gewand auf pflanzlicher Basis zu präsentieren.

Ich wünsche viel Freude beim Ausprobieren der Gerichte!

Beste Grüße & guten Appetit
Niko Rittenau

Ernährungswissenschaftler, Autor unter anderem des Bestsellers Vegan-Klischee ade!

DIE PFLANZLICHE UMAMI-KÜCHE

WIE ENTSTEHT GESCHMACK?

Gute Küche und Geschmack entstehen, wenn drei Bereiche zusammentreffen: der Geschmack der Zutaten, der vom Geruch nicht zu trennen ist, die Temperatur bei der Zubereitung und Textur sowie Konsistenz, die die Gerichte schließlich haben werden.

GESCHMACK & GERUCH – 5 + 2 GESCHMACKSRICHTUNGEN

Offiziell ist immer von fünf Geschmacksrichtungen die Rede, also von fünf unterschiedlichen Arten von Geschmacksknospen, die jeweils einen bestimmten Geschmack wahrnehmen: süß, sauer, salzig, bitter und umami. Ich empfinde die Schärfe aber als ebenso wichtig, deshalb taucht sie hier auf. Ebenfalls wird gerade stark diskutiert, dass Fett auch ein Geschmack ist, und dem Stimme ich zu 100 Prozent zu, denn Fett ist für einen deftigen Geschmack essenziell. Durch das Spielen mit diesen 5 + 2 Geschmäckern – man kann den einen oder anderen Geschmack beispielsweise etwas fokussierter in den Vordergrund stellen – ist es möglich, einen schönen Spannungsbogen aufzubauen, der einfaches Essen von besonderem Essen unterscheidet.

Ebenso wichtig ist es zu wissen, dass, wie Wissenschaftler herausgefunden haben, Geschmack zum Großteil über unseren Geruchssinn wahrgenommen wird. Das kannst du auch ganz einfach testen, indem du dir beim Abschmecken mal für eine Minute die Nase zuhältst. Die unterschiedliche Wahrnehmung – mit Geruch und ohne – ist erstaunlich. Jemand, der einen guten Geschmackssinn hat, hat also auf jeden Fall auch eine gute Nase.

HEFTIG DEFTIG – DURCH UMAMI

Um das Gefühl von kräftigem, deftigem Geschmack zu erzeugen, ist besonders die letzte der oben genannten Geschmacksrichtungen wichtig: umami. Das Wort »umami« kommt aus dem Japanischen und bedeutet übersetzt so viel wie würzig, kräftig, deftig, fleischig.

Der Begriff wurde vor über 100 Jahren von japanischen Wissenschaftlern definiert, die im Zuge ihrer Forschungen über Lebensmittel auf die Glutaminsäure stießen. Danach wurde Mononatriumglutamat entwickelt, das genau diese Geschmacksknospe bedient – aus meiner Sicht ein ungesundes und künstliches Produkt, das niemand braucht. Denn es ist mittlerweile bewiesen, dass es bestimmte natürliche Lebensmittel gibt, die einen besonders hohen Anteil an Glutaminsäure besitzen und so ein extrem hohes Gefühl von Deftigkeit transportieren. Lebensmittel, die nicht nur lecker, sondern noch dazu gesund sind. Eine perfekte Kombination also. Im Folgenden sind einige davon aufgeführt, die auch im Buch immer wieder verwendet werden und zur Grundausstattung gehören sollten:

HOCHWERTIGE SOJASOSSE (TAMARI ODER SHOYU) in Bioqualität: Bei Sojasoße und allen anderen Sojaprodukten empfehle ich, immer Bioqualität zu kaufen. Dadurch hat man eine deutlich höhere Chance, gute Qualität zu bekommen. Bei Sojasoße gibt es wie etwa auch bei Balsamicoessig unglaublich große Qualitätsunterschiede, die richtig guten Sojasoßen kosten darum auch etwas mehr. Hast du sie einmal probiert, willst du nichts anderes mehr.

GETROCKNETE SHIITAKEPILZE, STEINPILZE UND MAITAKEPILZE: Durch den Trocknungsprozess werden bei diesen Pilzen, die auch als Heilpilze gelten, zusätzliche Geschmacksnuancen freigesetzt, die Deftigkeit in Perfektion transportieren. Gesund und lecker eben.

KOMBUALGE: Sie ist in Japan ein Grundnahrungsmittel, das die höchsten Messwerte an natürlicher Glutaminsäure aufweist. Daraus wird auch die klassische Dashibrühe gekocht. Bei den Rezepten im Buch gebe ich immer wieder ein Stück Kombu dazu, die Wirkung ist enorm. Netter Nebeneffekt: Die Alge verfügt auch über einen hohen Gehalt an Mineralstoffen, die eine gesunde Ernährung unterstützen.

MISOPASTE: Auch sie stammt aus Japan. Die fermentierte Würzpaste gibt es in den unterschiedlichsten Sorten

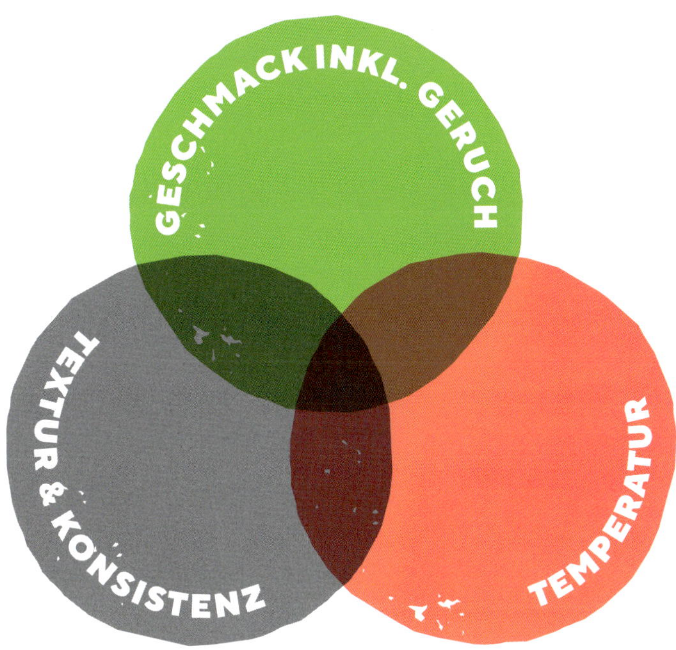

auf dem Markt. Meist besteht sie aus Sojabohnen, mittlerweile ist sie aber auch aus Lupine, Linse oder Erbse erhältlich. Der Geschmack ist zunächst etwas gewöhnungsbedürftig, doch schnell mag man ihn nie mehr missen. Auch bei Misopaste gibt es qualitativ sehr große Unterschiede. Ich empfehle die Marken Schwarzwald-MISO® oder mimiferments: beste Bio-Misopasten, die es in vielen Sorten gibt.

WÜRZFLOCKEN, NÄHRFLOCKEN UND EDELHEFEFLOCKEN: Die durch Hitze inaktive Hefe weist extrem hohe Werte an Glutaminsäure auf. Sie wird schon seit Langem als alternativer Geschmacksverstärker eingesetzt, der nebenbei auch noch eine Menge Vitamin B besitzt.

DIE TEMPERATUR MACHT'S

Für die Geschmacksrichtung umami sind neben einigen herzhaften Zutaten noch zwei Küchentechniken, die viel mit der Temperatur der Zubereitung zu tun haben, ganz maßgeblich: das Anrösten und das Schmoren. Das Anrösten ist aus meiner Sicht sogar essenziell, um herzhaften Geschmack in Gerichte zu bringen: Dadurch und durch den sogenannten Maillard-Effekt – eine Reihe von chemischen Reaktionen unter Hitzeeinwirkung – entstehen die wunderbaren, teilweise karamelligen, herzhaften Röstnoten, die wir seit unserer Kindheit kennen und lieben. Nun denken viele Menschen, diese Aromen könnten nur mit Fleisch und Co. erzeugt werden. Das stimmt aber nicht, denn auch Gemüse, Hülsenfrüchte, Getreide und andere Zutaten erzeugen durch diese Technik wundervolle Röstaromen. Und neben der erwähnten Hitze benötigt man dafür nur noch etwas Öl und Gespür – und schon zieht ein himmlischer Duft durchs Haus.

Die zweite Technik ist die langsame und lange Hitzeeinwirkung, wie ich sie immer wieder etwa bei den Schmorgerichten anwende. Zeit ist hier definitiv der Joker: Ein Gericht, das eine halbe Stunde im schweren Topf langsam vor sich hin geschmort hat, mag vielleicht lecker sein – nach anderthalb Stunden aber ist es in einer ganz anderen Liga angekommen und hat mit dem »Eintopf« von vorher nichts mehr zu tun. Das gilt natürlich nicht für alle Gerichte, doch gerade bei Eintöpfen und Ragouts ist der Zeitfaktor entscheidend. Slow Food in Perfektion, und das Tolle ist: Ich muss nicht neben dem Ofen stehen bleiben. So findest du im Buch immer wieder Rezepte, bei denen die Arbeitszeit 25 Minuten beträgt, die Koch-/Schmorzeit aber 1,5 Stunden.

Temperatur ist noch in einer anderen Hinsicht wichtig: bei der Temperatur der servierten Gerichte. Auch hier kann man spielen und aufregende Spannungen erzeugen. Ein heiß geschmorter, knuspriger Blumenkohl, ein warmer und dampfender Couscous und dazu ein kühler Minzjoghurt – die Gegensätze bringen die jeweiligen Aromen noch besser zur Geltung.

TEXTURSPEKTRUM & KONSISTENZ

Um ein Gericht vollends rundzumachen, sodass es vom ersten bis zum letzten Löffel schmeckt, sind auch die Konsistenzen sehr wichtig. Es muss auch etwas zu beißen im Topf sein, und gerade durch unterschiedliche Konsistenzen kann man einen schönen geschmacklichen Spannungsbogen erzeugen – etwas Bissfestes, etwas Knackiges, etwas Cremiges und dergleichen mehr. Hier arbeite ich viel mit Toppings und unterschiedlichen Komponenten. Die fünf Minuten mehr Arbeit, die man beispielsweise für ein Topping benötigt, lohnen sich allemal.

KOCHEN, DÜNSTEN, BRATEN & CO.

Dass Heftig-Deftiges nur durch tierische Lebensmittel zustande käme, ist ein Trugschluss. Gerade das Anrösten oder Anbraten definiert, ob ein Gericht herzhaft wirkt oder nicht. mit den richtigen Lebensmitteln und Gewürzen entsteht PERFEKTE Harmonie.

Auch hier unterscheiden viele Heimköche oft nur wenige Varianten. Doch kochen ist nicht gleich kochen: Die passende Technik für das jeweilige Gericht ist für ein perfektes Ergebnis meist maßgeblich. Im Folgenden sind alle Kochtechniken aufgelistet und beschrieben, die im Buch für eine gute pflanzliche Küche eingesetzt werden. Klassisch unterscheidet man dabei zwischen Garen durch feuchte und Garen durch trockene Wärme oder Hitze.

GAREN DURCH FEUCHTE WÄRME

KOCHEN UND DÜNSTEN

Beim Kochen werden die Zutaten bei 100 °C in einer wässrigen Flüssigkeit gegart. Als Kochgeschirr verwendet man in der Regel einen Topf oder eine Kasserolle, einen flachen Topf mit Stiel. Das Kochen kommt bei Kartoffeln, Nudeln und Hülsenfrüchten, aber auch bei Brühen und Suppen zum Einsatz.

Das Dünsten ist eine ganz ähnliche Kochtechnik, nur dass es sich hierbei um wenig Flüssigkeit und etwas Fett handelt: Es wird gerade so viel Wasser genommen, dass das Gemüse nicht brät oder röstet, aber auch nicht kocht. Als Kochgeschirr eignen sich Topf, Pfanne und Sauteuse, eine hochwandige Pfanne. Es kann mit Fremdflüssigkeit gedünstet werden, wobei etwa Wasser, Saft oder Brühe zugegeben wird. Beim Dünsten durch Eigenflüssigkeit schneidet man beispielsweise feine Gemüsewürfel (Brunoise), würzt diese mit Salz und Zucker und lässt sie dann zugedeckt für 1 bis 2 Stunden ziehen. Dadurch tritt Flüssigkeit aus dem Gemüse aus. Dünstet man die Brunoise anschließend im eigenen Saft, schmeckt das Gemüse sehr intensiv und wird nicht verwässert. Die Eigenflüssigkeit kann auch erst durch die Wärme beim Garvorgang oder durch das Zusetzen von Salz und/oder Zucker beim Dünsten austreten.

DAMPFGAREN UND DÄMPFEN

Beim Dämpfen werden die Zutaten bei bis zu 100 °C durch Wasserdampf gegart. Das geschieht entweder in einem Topf oder einer Kasserolle mit einem Dämpfeinsatz aus Bambus oder Stahl oder in einem Dampfgarer oder Kombidämpfer. Der Vorteil des Dämpfeinsatzes besteht in der günstigen Anschaffung sowie in der einfachen Handhabung und Säuberung. Der Nachteil: Die Temperatur schwankt, innerhalb des Dämpfeinsatzes gibt es Temperaturunterschiede und es können nur kleine Mengen – bis zu sechs Portionen – gedämpft werden. Der Vorteil des Dampfgarers besteht darin, dass auch größere Mengen gedämpft werden können und dass durch konstant eingestellte Temperaturen ein präzises Garen möglich ist. Außerdem kann bei niedrigen Temperaturen ab 70 °C auch sous vide gegart werden. Unter Sous-vide-Garen versteht man das Vakuumgaren in einem Kunststoffbeutel bei niedrigen Temperaturen (unter 100 °C). Der Nachteil: Dampfgarer sind recht teuer in der Anschaffung und können nur mit Aufwand gereinigt werden.

Das Dampfgaren ist die schonendste Garmethode, bei der bis zu 70 Prozent der Vitamine im Gemüse erhalten bleiben. Außerdem ist der Eigengeschmack des Gemüses deutlich stärker präsent. Doch nicht nur Gemüse wird dampfgegart, sondern auch Knödel und Klöße aller Art, vom Hefekloß bis zu asiatischen Dim Sum.

GAREN DURCH TROCKENE WÄRME

Bei dieser Kochtechnik unterscheidet man drei Varianten des Bratens: das Sautieren, das Braten in der Pfanne oder im Topf und das Braten im Ofen.

Unter Sautieren versteht man das kurze Braten bei hoher Temperatur in einer Sauteuse. Gewendet wird das Gargut durch Schwenken. Um das Kurzbraten zu gewährleisten, muss das Gargut gleichmäßig Kontakt zum Pfannenboden haben und nebeneinanderliegen. Als Kochgeschirr bietet sich neben der Sauteuse der Wok an. Sautiert wird bei klein geschnittenen Zutaten, die schnell Farbe bekommen sollen, darunter Sojageschnetzeltes, Gemüsewürfel, Brunoise, Julienne (siehe S. 19) etc.

Beim Braten in der Pfanne oder im Topf erfolgt die Zubereitung bei mittlerer oder hoher Temperatur auf dem Herd. Beim Braten im Ofen wird die Hitze grundsätzlich durch Strahlung (beispielsweise Ober-/Unterhitze, Grillfunktion) oder durch Strömung (Umluft) übertragen. Hier unterscheidet man zwei Varianten: Beim Langzeitbraten oder Weiterbraten von Gargut wird moderate Hitze von bis zu 160 °C angewandt, etwa bei ganzen Sellerieknollen, Wurzelgemüse etc. Das Anbraten von Gargut geschieht hingegen bei hohen Temperaturen.

Als Nebenkategorie kann man hier auch Gratinieren und Überbacken dazuzählen. Hierbei wird mit direkter Oberhitze die oberste Schicht von Gerichten wie etwa Lasagne oder Kartoffelgratin knusprig überbacken.

FRITTIEREN – DAS GAREN IN FETT

Beim Frittieren – es zählt ebenfalls zum Garen mit trockener Hitze – schwimmen die Lebensmittel bei Temperaturen von 150 bis 175 °C in Fett. Das Fett muss hitzebeständig sein: Optimal ist natives Kokosöl oder desodoriertes Kokosfett, aber auch desodoriertes Raps- oder Sonnenblumenöl eignen sich. Bei der Desodorierung von Pflanzenöl werden dem Öl unerwünschte Geruchs- und Geschmacksstoffe entzogen.

Frittieren gilt als die ungesündeste Kochtechnik überhaupt, doch ist das wirklich so? Nun, das kommt zum einen auf das Produkt und zum anderen auf die Temperatur an. Bei einem Produkt wie einer Aubergine oder Pilzen, die sich von Haus aus eher mit Fett vollsaugen, stimmt das. Bei Produkten wie Roten Beten oder Kartoffeln hält sich das aber in Grenzen, vor allem wenn man das Gargut danach auf einem Küchentuch von überschüssigem Fett befreit. Fettarm ist diese Methode natürlich trotzdem nicht. Die Temperatur ist genauso wichtig: Ist sie zu hoch, verbrennen sowohl das Gargut als auch das Fett – beides ist ungesund. Ist die Temperatur zu niedrig, saugt sich das Gargut deutlich mehr mit Fett voll als bei passender Temperatur, bei der sich die Oberfläche bei Fettkontakt schnell verschließt.

Als Kochgeschirr für das Frittieren eignen sich eine Sauteuse, ein Wok, ein tiefer Topf oder natürlich eine Fritteuse. Die Methode kommt vor allem bei Gemüse, Tofu und dergleichen mehr zum Einsatz, vorzugsweise bei Gemüsechips oder Gemüse in Panade oder Backteig.

GRILLEN – NICHT NUR EIN SOMMERVERGNÜGEN

Als Grillen gilt nicht nur das Garen auf dem klassischen Grill mit direkter Hitze durch Glut oder Feuer, sondern grundsätzlich das Garen bei sehr hohen Temperaturen durch Strahlungs- oder Kontakthitze. Die hohen Temperaturen sind hier entscheidend, und egal, was oder wie man grillt, die Röstaromen sind für den typischen Grillgeschmack maßgeblich.

Veganes Grillen oder Grillen mit Gemüse ist für viele Menschen gar nicht vorstellbar. Aber gerade durch diese Technik, die von sich aus schon deftige Aromen mitbringt, lassen sich ganz einfach wunderbare und kräftige Gerichte zubereiten, die selbst dem größten Fleischliebhaber ein freudiges Gemüselächeln ins Gesicht zaubern. Bei den Grillrezepten im Buch arbeite ich ausschließlich mit der direkten Flamme oder Glut, also dem, was man landläufig unter Grillen versteht.

SCHMOREN – TROCKENE UND FEUCHTE HITZE

Bei dieser Kombinationstechnik aus trockener und feuchter Hitze wird das Gargut zuerst sehr scharf im Schmortopf oder in einem schweren Topf angebraten, sodass sich deutliche Röstaromen entwickeln. Dann wird mit einer Flüssigkeit (Wasser, Fond, Brühe) abgelöscht und das Gargut anschließend bei geringer Hitze – optimal zwischen 80 und 100 °C – auf dem Herd oder im Ofen oder Feuer weitergeschmort.

Warum benötigt man einen schweren Topf? Ein schwerer Topf bedeutet eine gleichmäßige Hitzeverteilung, denn er hält die Hitze ohne große Schwankungen aus. Das ist vor allem beim starken Anrösten zu Beginn des Schmorens wichtig, weil sich dann kräftigere Röstaromen bilden. Hier lohnt es sich also, etwas Geld zu investieren und sich einen gusseisernen Schmortopf und eine gusseiserne oder schmiedeeiserne Pfanne zuzulegen.

WEITERE KÜCHENTECHNIKEN FÜR WUNDERVOLLE DEFTIGKEIT

RÄUCHERN – URALTE METHODE ZUR HALTBARMACHUNG

Räuchern ist ganz klassisch gesehen in drei Bereiche zu unterteilen: das Kalträuchern, das Warmräuchern und das Heißräuchern. Alle drei Techniken werden normalerweise nicht mit der Gemüseküche verknüpft, und doch bediene

ich mich ihrer vereinzelt – mit viel Freude und großem Erfolg. Die Mehrheit der Menschen assoziiert mit Geräuchertem Deftigkeit und meint damit eine Deftigkeit tierischen Ursprungs, was allerdings ganz und gar nicht sein muss. Egal, was man räuchert, das Ergebnis wird am Schluss auf jeden Fall deftig sein.

Beim Warm- und Heißräuchern wird das zu räuchernde Lebensmittel im Räucherofen gleichzeitig mit einer Hitzequelle (Brenner, Heizspiralen oder sanft glimmendes Holz) gegart und durch Verglimmen passender Räucherspäne geräuchert. Warmgeräuchert wird bei Temperaturen von 30 bis 50 °C und heißgeräuchert zwischen 60 und 120 °C. Diese Methoden werden im Buch nicht behandelt, da man dazu einen Räucherofen braucht, den wahrscheinlich kaum jemand zu Hause hat.

Beim Kalträuchern wird das zu räuchernde Lebensmittel, etwa Nusskäse oder gekochte Linsen, mit kaltem Rauch bei Temperaturen bis 25 °C eingenebelt, sodass das Lebensmittel einen entsprechenden Teil des rauchigen Geschmacks annimmt. Das Kalträuchern wurde früher bei tierischen Lebensmitteln am häufigsten verwendet, um diese haltbar zu machen; der Prozess hat teilweise mehrere Monate gedauert. Ich verwende das Kalträuchern, um in relativ kurzer Zeit eine geschmackliche Nuance zu erzielen. Dazu benutze ich eine Rauchpistole (siehe Abbildung). Das zu räuchernde Produkt wird in ein großes Bügelverschlussglas gesetzt. Anschließend bläst man mit der Pistole eine ordentliche Portion Rauch hinein und verschließt das Glas. Je nach gewünschter Intensität kann man das Ganze bis zu 3-mal wiederholen. Ich verwende dazu normalerweise Hickory- oder auch gerne Apfelholzspäne. Zusätzlich passen wunderbar Kräuter und Gewürze wie Wacholder, Thymian oder Rosmarin.

RÄUCHERN, OHNE ZU RÄUCHERN

Als unkomplizierte Methode, die aber nicht zum klassischen Räuchern zählt, kann man auch Gewürze verwenden, die bereits Raucharomen mitbringen. Das geht sehr schnell und erzielt oft eine wunderbare rauchige Wirkung.

→ Geräuchertes Salz: Hier verwende ich entweder dänisches Rauchsalz oder auch gerne ein Rauchsalzspray der Firma King of Salt® aus Deutschland, die bei ihrem Liquid Smoke nur bestes deutsches Steinsalz mit natürlichem gereinigtem Flüssigrauch mischt. Bitte aufpassen: Viele Liquid-Smoke-Varianten basieren auf chemischen Geschmacksstoffen. Ein bisschen Rauchspray als Finish oder als Würzung in den Nusskäse, und schon schwelgt der Rauchliebhaber im smoky heaven. BBQ-Feeling pur!

→ Geräuchertes Paprikapulver: Dieses Gewürz setze ich schon seit Jahren immer wieder ein, es gehört bei mir zur Basisausstattung. Das Pimentón de la Vera gibt es in süß oder in scharf. Ich empfehle das süße, denn das kann man deutlich flexibler einsetzen.

FERMENTIEREN – VIELSEITIG UND GESUND

Das Fermentieren ist definitiv mein derzeitiges Lieblingsthema. Doch was bedeutet Fermentation? Ganz banal erklärt, ernähren sich »gute« Bakterien, die überall in der Natur vorkommen, von Kohlenhydraten und/oder Proteinen und wandeln diese in andere Stoffe wie beispielsweise Säure um. Es gibt viele verschiedene Arten der Fermentation; die, mit der ich am häufigsten arbeite, ist die Milchsäurefermentation. Milchsauer bedeutet übrigens nicht, dass mit tierischer Milch gearbeitet wird. Die Milchsäure-Bakterienstämme kommen auf jedem natürlich angebauten Gemüse, auf unserer Haut und auch in unserem Körper im Darm vor. Fermentation war in früheren Zeiten eine der wichtigsten Techniken, um Lebensmittel haltbar zu machen, und findet sich auch heute in jeder noch bestehenden alten Kultur wieder.

»Bakterien« klingt für die meisten Menschen erst einmal etwas besorgniserregend. Deshalb ist es wichtig zu sagen, dass es gesundheitsschädliche und gesundheitsfördernde Bakterien gibt. Die Milchsäurebakterien gehören zu den »guten«, und das Schöne ist, dass im milchsauren Milieu – das recht schnell beim Fermentieren von Gemüse entsteht – keine der schädlichen Bakterien überleben können. Das so fermentierte Gemüse bekommt einen schönen säuerlichen Geschmack und hat dazu noch eine probiotische Wirkung, die sich in unserem Darm positiv auswirkt. Und noch ein netter Nebeneffekt: Durch Fermentation entstehen wahre Umami-Pakete, die einfach jedes Essen leckerer machen. Im Buch geht es vor allem um mein veganes Kimchi (siehe S. 22), das schon von einigen Koreanern ganz offiziell geschmacklich durchgewunken wurde, obwohl ich natürlich keine getrockneten Shrimps und auch keine Fischsoße verwende.

Das Thema Messer und Schneidetechnik liegt mir ebenfalls sehr am Herzen, denn sieht man das Kochen als Handwerk, so ist das richtige Handwerkszeug ganz essenziell, um zum einen ein gutes Ergebnis zu erhalten und zum anderen auch Freude an der Arbeit zu haben.

MESSER – DIE BASISAUSSTATTUNG

Als Basisausstattung für die vegane Küche sind zwei Messer völlig ausreichend. Ein Koch- oder Chefmesser und ein kleines Allzweck- oder Gemüsemesser. Hier empfehle ich die Japanmesser der Firma DICTUM mit 32 Lagen Damaszener Stahl. Das Kochmesser aus Japan heißt Santoku, und dazu passend wäre ein kleines Allzweckmesser.

Man muss bei guten Messern für die Basisausstattung allerdings mit 150 bis 200 Euro rechnen. Bei guter Pflege hat man dann aber auch ein Leben lang Freude damit – vorausgesetzt, du gibst Messer und alles, was scharf ist und bleiben soll, nicht in die Spülmaschine, denn dort werden die Werkzeuge stumpf. Ob es nun ein klassisches Kochmesser sein soll oder ein japanisches Santokumesser, liegt rein an persönlicher Präferenz. Nimm in einem gut sortierten Messerladen einfach mal verschiedene Messer in die Hand, probiere sie aus und entscheide dich dann.

DIE SCHNEIDETECHNIK – ÜBUNG MACHT DEN MEISTER

Optimal legen sich kleiner, Ring- und Mittelfinger um den Griff des Messers, während Daumen und Zeigefinger die Klinge rechts und links umfassen (siehe Abbildung unten). So hat man immer ein gutes und sicheres Gefühl bei der Führung.

Die Hand ohne Messer hält beispielsweise das Gemüse, und zwar im Krallengriff, sodass die Fingerspitzen nach hinten ins Innere der Handfläche zeigen. Das dient der Sicherheit. Nun wird das Messer im Bereich des Sweet Spot (siehe Abbildung rot markiert) direkt neben den Fingern angesetzt. Zum Schneiden wird es an den mittleren Fingerknöcheln entlang gerade auf und ab bewegt, während die Messerspitze auf dem Schneidebrett aufliegt. So entsteht eine wiegende Bewegung des Messers. Am Sweet Spot ist das Messer am breitesten, sodass genug Platz ist, um das Messer auf und ab zu bewegen, ohne dass man die Schneide über die Knöchel führt. Hier schneidet es sich also am sichersten. Das Gemüse kann gleichzeitig mit dem Daumen der Krallenhand in Richtung Klinge geschoben werden.

Wie so oft macht auch hier Übung den Meister. Am besten beginnst du mit längs halbierten Karotten und schneidest dann immer feinere Scheiben ab. Wenn man diese Schneidetechnik übt, dauert das Schneiden erfahrungsgemäß in den ersten ein bis zwei Wochen länger, als man es sonst gewohnt war. Beherrscht man sie jedoch, spart man sich mit dieser Technik mindestens 25 Prozent der Zeit - und das macht zusammen mit den anderen 25 Prozent Zeitersparnis durch das Mise en Place die Hälfte der gesamten Zubereitungszeit aus. Du siehst: Das Üben lohnt sich wirklich!

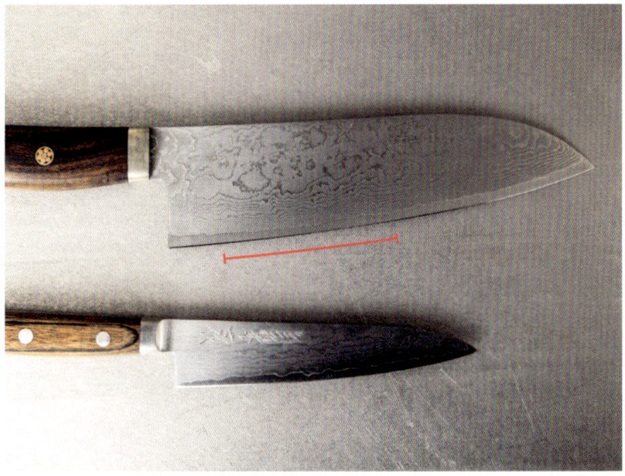

DIE SIEBEN BASISSCHNITTFORMEN

Die sieben Basisschnittformen Brunoise, kleine, mittlere und große Würfel sowie feine Julienne, Julienne und Bâtonnets muss jeder gute Koch aus dem Effeff beherrschen. Daneben gibt es noch die Schnittform der Chiffonade, die bei Kräutern und Salat zum Einsatz kommt. Zum Üben eignen sich Karotten übrigens hervorragend, da sie eine gute Festigkeit besitzen und nach dem Üben einfach weggeknabbert werden können ...

VON WÜRFELN, STIFTEN UND STREIFEN

Wir beginnen mit den großen Würfeln, die etwa 10 × 10 Millimeter bzw. 1 × 1 Zentimeter groß sind. Es folgt die Schnittform Bâtonnets (dicker Stift) mit einer Größe von ca. 6 Millimeter × 6 Millimeter × 5 Zentimeter. Die Stifte werden anschließend zu mittelgroßen Würfeln geschnitten. Nun folgt die Schnittform der Julienne, das sind etwa 4 Zentimeter lange, feine Stifte mit einem Durchmesser von rund 3 Millimeter. Diese werden dann in kleine Würfel geschnitten. Es folgt die Schnittform der feinen Julienne, die lediglich einen Durchmesser von ca. 1,5 Millimeter hat. Aus diesen feinsten Stiften wird dann die Brunoise, feinste Würfelchen, geschnitten.

Bei der Chiffonade werden blättrige Kräuter wie Basilikum, Petersilie und Ähnliches sowie Salat zuerst aufeinandergestapelt, zusammengerollt und dann in feinste Streifen geschnitten.

STIFTE	WÜRFEL
	Große Würfel, ca. 10 × 10 mm
Bâtonnets (dicke Stifte), ca. 6 mm × 6 mm × 5 cm	*Mittelgroße Würfel, aus Bâtonnets geschnitten*
Julienne (feine Stifte), ca. 4 cm lang, mit ca. 3 mm Durchmesser	*Kleine Würfel, aus Julienne geschnitten*
Feine Julienne (feinste Stifte), wie Julienne, aber noch feiner, mit ca. 1,5 mm Durchmesser	*Brunoise (feinste Würfelchen), aus feiner Julienne geschnitten*
Chiffonade, in feinste Streifen geschnittene Kräuter und Salatblätter	

MISE EN PLACE
& MENGENANGABEN

Die »Vorbereitung am Arbeitsplatz«, die für jeden Profikoch Alltag ist, fehlt bei vielen Hobbyköchen. Kein Wunder, wenn man sich überlegt, wie die meisten Menschen kochen lernen: durch Learning by Doing und selten durch strukturierten Unterricht.

Ich stelle bei meinen Kursen, in denen ich natürlich auch viel mit Hobbyköchen arbeite, immer wieder fest, dass Chaos ausbricht, wenn ohne Struktur und Ablaufplan ans Kochen gegangen wird. Das Ergebnis: Man ist nach dem Kochen gestresst, die Küche sieht aus wie Sau und das Essen ist eher mittelmäßig, weil man keine Zeit und Muße hatte, um sich in Ruhe auf das Abschmecken zu konzentrieren. Mit etwas Struktur geht es deutlich leichter, und als netter Nebeneffekt ist die Küche nach dem Kochen sauber. Man ist tiefenentspannt und ausgeglichen, und das Essen schmeckt super.

ZUR STRUKTUR DER REZEPTE IN DIESEM BUCH

Da es mir in diesem Buch und bei meiner Arbeit immer darum geht, Menschen das Kochhandwerk näherzubringen, sind auch die folgenden Rezepte in oben genanntem Sinn strukturiert. Alle Rezepte sind so aufgebaut, dass man zuerst das Mise en Place erledigt und dann mit dem Kochen beginnt.

Hier wird also nicht, wie so oft praktiziert, zuerst der Topf mit dem Öl erhitzt und währenddessen die Zwiebel geschnitten, sodass das Öl in der Zeit zu rauchen beginnt und das Kochen stressig wird. Es werden im Gegenteil alle Zutaten wie angegeben vorbereitet und in Schälchen neben den Herd gestellt, bis dann der entspannte Koch ans Werk geht und ein superleckeres Essen zaubert. Viele denken, das dauere vom Ablauf her länger, als die ersten Schritte parallel anzugehen; doch ich verspreche, dass mit etwas Übung auf lange Sicht der strukturierte Ablauf rund 25 Prozent der Arbeitszeit einsparen wird.

EIN WORT ZU DEN MENGENANGABEN

Alle Mengen, die in den Zutatenlisten der Rezepte stehen, beziehen sich auf die fertig vorbereiteten – geschälten etc. – Zutaten, sofern nicht anders angegeben. Das bedeutet: Wenn in der Zutatenliste beispielsweise »500 g mehligkochende Kartoffeln, in 1 cm große Würfel geschnitten« steht, wird eine Menge von 500 Gramm geschälten, gewürfelten Kartoffeln benötigt. Das bedeutet im Umkehrschluss auch, dass immer etwas mehr als angegeben eingekauft werden muss.

Diese Methode, Mengen anzugeben, ist für manche Kochbuchleser eventuell etwas gewöhnungsbedürftig, aus meiner Sicht aber die einzige Möglichkeit, um das Ergebnis wirklich garantieren zu können. Denn wie viel weggeschält wird, kann man natürlich schätzen – dann muss man sich aber nicht wundern, wenn beim Kochen etwas anderes herauskommt.

Im ersten Schritt beim Nachkochen geht es also darum, die Zutatenliste abzuarbeiten und alle Zutaten bereitzustellen. Ich arbeite hier sehr viel mit genauen Grammangaben, da diese die einzige Möglichkeit für ein exaktes Ergebnis darstellen. Wenn mit der Einheit TL (Teelöffel) oder EL (Esslöffel) gearbeitet wird, sind diese immer normal groß und auch nur leicht gehäuft.

Wenn die Gewürze unter der Teilüberschrift »Gewürzmischung« zusammengefasst sind, dann diese zusammen in ein kleines Schälchen abmessen. Ich verwende ganz bewusst keine fertigen Gewürzmischungen, sondern stelle diese immer selbst her. Es kostet nicht viel Zeit und lohnt sich allemal.

K WIE KOCHEN
& KREATIVITÄT

Ich empfinde Kochbücher immer als Werke für Inspiration und neue Kombinationen. Man kann jedes Rezept immer wieder saisonal anpassen und damit spielen. So fängt es an, dass man in der Küche richtig Spaß und Freude hat.

Damit sich auch die Kochanfänger trauen, die Rezepte in diesem Buch an Kühlschrank, Saison oder persönliche Lust anzupassen, finden sie im Folgenden eine kleine Auflistung, bei der alle Lebensmittel in einer Gruppe untereinander getauscht werden können. Ich habe dabei nur Lebensmittel zusammengefasst, deren Austausch sowohl geschmacklich als auch in puncto Kochzeit und Textur funktioniert. Wenn du also beispielsweise keine Karotte magst oder zu Hause hast, kannst du sie ohne Weiteres durch Rote Bete oder Pastinake ersetzen. Ich wünsche dir von Herzen viel Freude beim Kreieren!

→ Blumenkohl, Brokkoli, Romanesco
→ Chicorée, Radicchio
→ Gurke, Zucchini, Rondini, Spaghettikürbis
→ Joghurt: Kokosjoghurt, Lupinenjoghurt, Bio-Sojajoghurt, Cashewjoghurt, Bio-Seidentofu + Zitronensaft
→ Karotte, Petersilienwurzel, Rote Bete, Sellerie, Pastinake
→ Kartoffel, Süßkartoffel, Hokkaido- oder Butternut-Kürbis (Kochzeit ist bei Kürbis und Süßkartoffel um ⅓ kürzer als bei Kartoffeln – die Textur ist aber gleichwertig)
→ Kichererbse, weiße Bohne, Adzukibohne, Borlottibohne
→ Kohlrabi, Rettich, Radieschen, schwarzer Rettich, Mairübe, Topinambur
→ Lauch, Frühlingszwiebeln
→ Linsen: grüne Linsen, braune Linsen (gleiche Kochzeit, gleiche Textur), rote Linsen (kürzere Kochzeit, gleiche Textur), Belugalinsen (kürzere Kochzeit, gleiche Textur)
→ Misopaste, Edelhefe
→ Paprika: rote Paprika, gelbe Paprika, grüne Paprika, Spitzpaprika
→ Pilze, getrocknete: Steinpilze, Shiitakepilze, Maitakepilze, Herbsttrompete
→ Reis: Basmatireis, Jasminreis
→ Seitlinge: Austernseitlinge, Kräuterseitlinge, Ulmenseitlinge, Buchenseitlinge
→ Spinat, Mangold (der grüne Teil), Brennnessel (blanchiert), Neuseeländer Spinat, frisches Grün von Mairübe, Kohlrabi etc.
→ Spitzkohl, Weißkohl, Chinakohl, Rotkohl, Wirsing
→ Tofu (bio), Tempeh (bio, Lupine oder Soja), Seitan
→ Zwiebel: rote Zwiebel, weiße Zwiebel

BASISREZEPTE

Es gibt in meiner Küche ein paar Zubereitungen, die immer wieder zum Einsatz kommen und für die ich Basisrezepte entwickelt habe. Dazu gehören mein Kimchi und ein schneller Kimchi-Ersatz – falls es einmal fix gehen muss – sowie meine Basis-Würzpaste.

FERMENTIERTES KIMCHI À LA COPIEN

- → 1 großer Chinakohl
- → 5 EL Salz
- → 5 EL Reismehl
- → 1 EL koreanische Chiliflocken; alternativ: rosenscharfes Paprikapulver
- → 2 Knoblauchzehen, abgezogen und geraspelt
- → 5 EL Bio-Sojasoße
- → 2 EL Apfeldicksaft oder Ahornsirup
- → 3 EL getrocknete Shiitakepilze, pulverisiert
- → 1 TL Kombualge, fein geraspelt
- → ½ TL geräuchertes Paprikapulver
- → 150 g Bio-Karotte, mit Schale grob geraspelt
- → 1 Bund Frühlingszwiebeln, sehr fein geschnitten
- → 1 kleine rote Paprikaschote, entkernt und fein geraspelt
- → 1 Bio-Apfel, mit Schale fein gerieben
- → 3 cm Ingwer, geschält und fein gerieben
- → 50 g Rettich, fein gerieben
- → Salz und Sojasoße zum Abschmecken

AUSSERDEM:

- → 2 große Bügelverschlussgläser à 1 l, sauber ausgekocht

FÜR 2 BÜGELVERSCHLUSSGLÄSER À 1 L
ARBEITSZEIT: 30 MINUTEN
RUHEZEIT: 12 STUNDEN (FRISCHES KIMCHI), 2 WOCHEN (FERMENTATIONSZEIT FÜR SAURES KIMCHI)

Aus dem Chinakohl den Strunk herausschneiden, die Blätter abziehen. Die Blätter in einer Schüssel gleichmäßig mit Salz einreiben und etwas kneten. In die Schüssel drücken, beschweren und so viel Wasser angießen, dass alles bedeckt ist. Optimal über Nacht ziehen lassen, mindestens aber 4 Stunden.

Für die Würzpaste das Reismehl mit 250 Milliliter Wasser verrühren und in einem Topf unter ständigem Rühren etwa 5 Minuten sanft zu einer dicken Paste einkochen. Die restlichen Zutaten dazugeben und alles gut mischen. Mit Salz und Sojasoße würzig abschmecken.

Den Kohl abgießen und etwas abspülen. In einer Schüssel mit der Paste vermischen, der Kohl sollte gleichmäßig benetzt sein. In die Gläser füllen, dabei etwa 4 Zentimeter Platz zum Rand lassen, und immer wieder nach unten drücken. Die Gläser schließen, in eine Schüssel stellen (falls etwas überläuft) und mit einem Küchentuch bedecken (falls Druck entsteht und Flüssigkeit herausspritzt). 3 bis 6 Tage – je nach Witterung, ist es kühler, 6 und mehr Tage, im Hochsommer maximal 2 bis 3 Tage – an einem zimmerwarmen Ort (etwa 22 °C) reifen lassen. Nach 1 bis 2 Tagen sollten die ersten Bläschen aufsteigen. Jeden Tag öffnen, alles wieder nach unten drücken und die Oberfläche glätten. Das fertige Kimchi im Kühlschrank aufbewahren.

TIPP: Wenn der Chinakohl mit der Paste vermengt ist, kann man das Kimchi auch frisch essen, es schmeckt dann allerdings anders als fermentiert. Nach spätestens 4 Wochen ist das Kimchi reif. Immer wenn etwas entnommen wird, den Rest wieder nach unten drücken und ausglätten. So hält sich Kimchi über Monate.

SCHNELLER PFLANZLICHER KIMCHI-ERSATZ

Alles gut verkneten und 10 Minuten ziehen lassen. Anschließend in ein Glas geben und im Kühlschrank lagern.

TIPP: Das hat natürlich überhaupt nichts mit klassischem Kimchi zu tun, kann aber ein schneller Ersatz sein, wenn du eines der Gerichte im Buch, in denen Kimchi vorkommt, zubereiten willst.

- → 300 g Chinakohl, in sehr feine Streifen geschnitten
- → 300 g frisches Sauerkraut, fein gehackt
- → 4 EL geröstetes Sesamöl
- → 4 EL Ahornsirup
- → 4 EL Brottrunk
- → 1 EL Zitronensaft
- → 4 EL Sojasoße
- → 2 EL Hefeflocken
- → 1 EL koreanische Chiliflocken oder rosenscharfes Paprikapulver
- → 1 Knoblauchzehe, abgezogen und zerdrückt
- → 1 Frühlingszwiebel, sehr fein gehackt
- → 4 TL süßes Paprikapulver

FÜR 1 GLAS À 1 L
ZUBEREITUNGSZEIT: 20 MINUTEN

BASIS-WÜRZPASTE

Das Gemüse entweder in etwa 2 Zentimeter große Würfel schneiden und dann mit der Petersilie in der Küchenmaschine oder im Flügelmixer zu einer grobkörnigen Masse häckseln. Alternativ mit einer feinen Reibe per Hand raspeln und anschließend mit dem Messer durchhacken, sodass eine grobkörnige Konsistenz entsteht.

Die Gewürze im Mixer pulverisieren und mit der grobkörnigen Gemüsemasse mischen. Salz und Sojasoße dazugeben. Noch einmal gut durchmischen und in ein eingekochtes Glas abfüllen. Verschließen und im Kühlschrank lagern.

TIPPS: Die Paste hält sich gut 8 Monate im Kühlschrank, wenn die passende Menge Salz zum Konservieren verarbeitet wurde. Ich mache deshalb immer gleich ein bisschen mehr.

Ein Flügelmixer ist ein Mixer mit einem s-förmigen Messer zum Kleinhäckseln der Zutaten. Es gibt ihn im Fachhandel.

- → 100 g Bio-Karotten
- → 100 g Bio-Sellerie
- → 100 g rote Zwiebel, abgezogen
- → 100 g Bio-Fenchel
- → 100 g Bio-Lauch
- → 100 g Süßkartoffel, geschält
- → 30 g Bio-Petersilie mit Stängeln

GEWÜRZE:

- → 10 g getrocknete Shiitakepilze
- → 10 g getrocknete Steinpilze
- → 1 TL schwarzer Pfeffer, frisch gemahlen
- → 2 Lorbeerblätter
- → 2 Wacholderbeeren
- → 1 ½ TL Zwiebelpulver
- → 1 ½ TL Knoblauchpulver

AUSSERDEM:

- → 100 g Meersalz
- → 25 ml Sojasoße

FÜR 1 GLAS À 1 L
ZUBEREITUNGSZEIT: 20 MINUTEN

GESCHMORT

SCHAKSCHUKA
MIT HUMMUS

- → 600 g Paprika (2 große Schoten mit Gehäuse)
- → 400 g Kirschtomaten
- → 2 große Zwiebeln, abgezogen
- → 4 Knoblauchzehen, abgezogen
- → 2 kleine Selleriestangen
- → 6 EL Olivenöl
- → 400 ml Gemüsebrühe (360 ml Wasser + 50 g Basis-Würzpaste, siehe S. 23)

FÜR DIE GEWÜRZMISCHUNG:

- → 2 EL getrocknete Stein- oder Shiitakepilze
- → 2 EL Tomatenmark
- → Meersalz
- → 1 TL schwarzer Pfeffer, frisch gemahlen
- → 1 TL geräuchertes Paprikapulver
- → 2 TL gemahlener Kreuzkümmel
- → 1 Ceylon Zimtstange

FÜR DEN HUMMUS:

- → 2 cm Ingwer, geschält
- → 1 kleine Knoblauchzehe, abgezogen
- → 1 TL gemahlener Kreuzkümmel
- → 2 EL Zitronensaft
- → 4 EL Olivenöl
- → 100 g Tahini (flüssig und aus geröstetem Sesam)
- → 1 TL abgeriebene Schale von 1 Bio-Zitrone
- → 2 TL Meersalz
- → 1 TL schwarzer Pfeffer, frisch gemahlen
- → 500 g gekochte Kichererbsen

FÜR DIE DEKO:

- → 3 EL Petersilie, fein gehackt
- → 3 EL Minze, fein gehackt
- → 4 EL Olivenöl
- → 8 Scheiben getoastetes Brot oder Fladenbrot nach Belieben

FÜR 4 PERSONEN
ZUBEREITUNGSZEIT: 40 MINUTEN

Paprika entkernen und in 2 Zentimeter große Stücke schneiden. Kirschtomaten halbieren, Zwiebeln fein würfeln. Knoblauch ebenfalls fein würfeln. Selleriestangen der Länge nach erst in feine Streifen und anschließend in sehr feine Würfel schneiden.

Für die Gewürzmischung die Steinpilze zerbröseln und mit den restlichen Gewürzen in eine kleine Schale geben. Diese neben dem Herd bereitstellen.

Den Ofen auf 160 °C (Ober-/Unterhitze) vorheizen. Einen schweren Bräter stark erhitzen. Olivenöl hineingeben und Zwiebel-, Sellerie- sowie Knoblauchwürfel darin 3 Minuten goldgelb anrösten. Paprikastücke dazugeben und scharf anbraten, bis mehr Röstfarbe zu sehen ist. Dann die Gewürzmischung dazugeben und 20 Sekunden mitrösten, bis es gut duftet. Die Gemüsebrühe angießen. Röstaromen lösen, Tomaten dazugeben, einmal kräftig aufkochen und zugedeckt 45 Minuten im Ofen schmoren.

Für den Hummus Ingwer fein raspeln und mit den restlichen Zutaten bis auf die Kichererbsen im Mixer zu einer glatten Soße mixen. Kichererbsen dazugeben und auf mittlerer Stufe glatt mixen. Nach Belieben mit Salz, Pfeffer und Zitronensaft abschmecken.

Die Schakschuka aus dem Ofen nehmen, mit Salz und Pfeffer abschmecken und auf 4 Teller verteilen. Je Teller einige Löffel Hummus hineingeben. Mit Kräutern, Olivenöl und nach Belieben mit Brot garnieren.

TIPP: Hummus aus frisch gekochten Kichererbsen ist einfach um Welten besser als mit Kichererbsen aus der Dose. Der Arbeitsaufwand lohnt sich also. Bevor ich Kichererbsen aus der Dose verwende, greife ich bei Hummus lieber zu roten Linsen, koche diese 20 Minuten, bis sie komplett weich sind, und verwende sie dann wie Kichererbsen. Schmeckt super und geht schnell.

GULASCHSUPPE
NACH MAMAS ART

Die trockenen Sojasteaks mit dem Messer halbieren und mit Hefeflocken, Salz, Sojasoße und 1 Liter Wasser in einem kleinen Topf aufkochen. 5 Minuten sanft köcheln lassen, dann weitere 10 Minuten ziehen lassen.

Währenddessen die Zwiebeln fein würfeln. Für die Gewürzmischung den Knoblauch ebenfalls fein würfeln und mit den restlichen Zutaten in einem kleinen Glas bereitstellen. Die Sojasteaks abgießen, dabei das Kochwasser auffangen. Die Flüssigkeit aus den Sojasteaks drücken: Dafür die Steaks zwischen 2 kleine Schneidebretter legen und kräftig ausdrücken. 6 Hälften der Sojasteaks mit den Händen in unregelmäßige, etwa 2 Zentimeter große Stücke reißen – Achtung: Die Steaks sind noch heiß! –, die restlichen beiden Hälften mit dem Messer in feine Streifen schneiden. Das aufgefangene Kochwasser mit Wasser auf 2,5 Liter auffüllen und mit der Würzpaste würzen.

Den Ofen auf 190 °C (Ober-/Unterhitze) vorheizen. Einen schweren Bräter auf dem Herd erhitzen. 8 Esslöffel Öl hineingeben und die Sojasteakstücke darin bei maximaler Hitze braun rösten. Das restliche Öl und die Zwiebelwürfel dazugeben und so lange mitrösten, bis die Zwiebeln ebenfalls eine schöne Röstfarbe haben. Die Gewürzmischung dazugeben und für maximal 20 Sekunden mitrösten, dann sofort das Kochwasser der Steaks mit der Würzpaste angießen. Alle Röstaromen vom Bräterboden lösen und den Bräter zugedeckt für 1 Stunde in den Ofen stellen.

Währenddessen die Kartoffeln in 0,5 Zentimeter große Würfel schneiden. Paprikaschoten entkernen und ebenfalls in 0,5 Zentimeter große Würfel schneiden. Beides zur Gulaschsuppe geben und diese ohne Deckel für weitere 45 Minuten schmoren. Die Kartoffelwürfel mit einem Kochlöffel oder Kartoffelstampfer zerdrücken, bis die gewünschte Sämigkeit der Suppe erreicht ist. Mit Salz, Pfeffer, Chilipulver und Sojasoße abschmecken. Dazu nach Belieben Brot oder Semmeln servieren.

TIPPS: Bei Sojasteaks handelt es sich nicht um Tofu, sondern um Sojagranulat in Steakform.

Wer ein Gulasch und keine Gulaschsuppe machen möchte, halbiert einfach die Flüssigkeit und gibt zusätzlich noch die gleiche Menge Wurzelgemüse wie Kartoffeln dazu.

Wer Paprika nicht so gut verträgt, zieht die Schale mit einem Gemüseschäler dünn ab – so wird die Schote verträglicher. Bei konventioneller, also Nicht-bio-Ware sollte man das Gemüse grundsätzlich schälen.

- → 4 Sojasteaks à 150 g (siehe Tipps)
- → 20 g Hefeflocken
- → 20 g Meersalz
- → 50 ml Sojasoße (Tamari)
- → 400 g Zwiebeln, abgezogen
- → 100 g Basis-Würzpaste (siehe S. 23)
- → 10 EL mildes Olivenöl
- → 800 g festkochende Kartoffeln, geschält
- → 2 große rote Paprikaschoten

FÜR DIE GEWÜRZMISCHUNG:

- → 4 Knoblauchzehen, abgezogen
- → 4 TL getrockneter Majoran
- → 1 TL gemahlener Kümmel
- → 5 EL edelsüßes Paprikapulver
- → 2 TL rosenscharfes Paprikapulver oder mildes Chilipulver
- → 1 TL geräuchertes Paprikapulver oder dänisches Rauchsalz
- → 2 TL schwarzer Pfeffer, frisch gemahlen

ZUM ABSCHMECKEN:

- → Meersalz
- → Pfeffer
- → Chilipulver
- → Sojasoße

FÜR 4 PERSONEN ALS HAUPTGERICHT ODER FÜR 6–8 PERSONEN ALS VORSPEISE
ARBEITSZEIT: 30 MINUTEN
KOCH-/SCHMORZEIT: 1 STUNDE 45 MINUTEN

MAROKKANISCHER
MARONI-JACKFRUIT-SCHMORTOPF

- → 1 Dose Jackfruit, gut abgespült und abgetropft, am besten von Jacky F.®
- → 2 große Zwiebeln, abgezogen
- → 750 ml milde Brühe
- → 1 EL Mandelmus
- → 4 EL Öl
- → 200 g gekochte Maroni
- → 200 g Kichererbsen, gekocht
- → 2 rote Spitzpaprika, entkernt und längs geviertelt
- → 1 grüne Paprikaschote, entkernt und in 1 cm große Stücke geschnitten
- → 1 Blumenkohl, in 4 cm große Röschen geteilt

FÜR DIE GEWÜRZMISCHUNG:

- → 6 TL Harissa
- → 1 gute Prise Zimtpulver
- → ½ TL gemahlene Kurkuma
- → ½ TL gemahlener Kreuzkümmel
- → 2 EL Ingwer, fein gewürfelt
- → 2 EL Rosinen
- → 1 TL Salz

FÜR DIE BITTERORANGE:

- → Schale von 1 Bio-Orange
- → 3 EL Ahornsirup
- → Saft von ½ Orange
- → 1 gute Prise Salz

FÜR DIE PETERSILIENSALSA:

- → 1 Bund Petersilie, grob gehackt
- → 3 EL Olivenöl
- → Saft von ½ Orange
- → 2 EL Zitronensaft
- → 1 EL Ahornsirup
- → 1 TL Salz
- → 1 EL grüne Chilischote, entkernt und gehackt
- → ½ TL gemahlener Kreuzkümmel

AUSSERDEM:

- → 300 g Langkornreis, gekocht (ca. 130 g roh)
- → etwas Olivenöl

FÜR 3–4 PERSONEN
ARBEITSZEIT: 30 MINUTEN
SCHMORZEIT: 45 MINUTEN

Jackfruit auf ein Backblech legen und bei 200 °C (Umluft) 10 Minuten im Ofen antrocknen. Anschließend in Stücke schneiden. Zwiebeln würfeln. Die Zutaten für die Gewürzmischung vermengen. Brühe und Mandelmus verrühren. Einen schweren Schmortopf erhitzen, das Öl hineingeben und Jackfruitstücke sowie Zwiebeln darin braun rösten. Gewürzmischung dazugeben, 1 Minute mitrösten und mit der Brühe ablöschen. Röstaromen vom Topfboden lösen, Maroni, Kichererbsen und Paprika in den Schmortopf geben und alles ohne Deckel für 25 Minuten bei 160 °C im Ofen schmoren. Blumenkohl dazugeben, die Hitze auf 190 °C erhöhen und alles für weitere 20 Minuten schmoren.

Für die Bitterorange die Schale der Bio-Orange mit einem Sparschäler dünn abziehen. Mit 1 Liter Wasser kurz aufkochen und 10 Minuten ziehen lassen. Orangenschale abgießen und mit dem Messer in dünne, feine Streifen schneiden. Mit den restlichen Zutaten sowie 6 Esslöffel Wasser in einem kleinen Topf aufkochen, bis die Flüssigkeit leicht eindickt. Anschließend zugedeckt ziehen lassen.

Für die Petersiliensalsa die Zutaten im Mixer leicht grob mixen und ziehen lassen. Den gekochten Reis mit etwas Olivenöl mischen.

Schmortopf aus dem Ofen nehmen, den Inhalt etwas durchmischen, mit Salz abschmecken und die Hälfte der Salsa einrühren. Den Reis auf eine große Platte geben, das Gemüse darauf verteilen und mit etwas Salsa und Bitterorange garnieren. Die Soße bzw. den Sud sowie die restliche Salsa und die restliche Bitterorange extra servieren, sodass sich jeder am Tisch nach Belieben bedienen kann.

TIPP: Die Mittelrippen der schönen äußeren Blätter des Blumenkohls längs durchschneiden, die Blätter mit etwas Harissa, Ahornsirup, Öl und Salz marinieren, im Ofen bei 200 °C (Umluft/Obergrill) für 6 bis 10 Minuten knusprig rösten und zum Schmortopf dazu servieren.

PORTOBELLO-
BOURGUIGNON-POT-PIE

FÜR DIE MARINADE:

- → 250 g Karotten, geschält
- → 150 g Rote Bete, geschält
- → 3 rote Zwiebeln, abgezogen
- → 2 Knoblauchzehen, abgezogen
- → 50 g Basis-Würzpaste (siehe S. 23)
- → 3 Lorbeerblätter
- → 4 Wacholderbeeren
- → 3 Gewürznelken
- → 1 TL getrockneter Thymian
- → 6 schwarze Pfefferkörner
- → 750 ml kräftiger roter Burgunder oder ein anderer kräftiger Rotwein
- → 3 EL Sojasoße

FÜR DEN EINTOPF:

- → 500 g Portobellopilze (alternativ braune Champignons)
- → 200 g Räuchertofu oder Lupinentempeh
- → 300 g festkochende Kartoffeln, geschält
- → 1 Lauchstange
- → 10 EL neutrales Bratöl, z. B. neutrales Kokosfett oder Olivenöl
- → 2 EL Mehl
- → 2 EL Tomatenmark
- → 200 g TK-Erbsen
- → Salz
- → Pfeffer
- → Sojasoße

AUSSERDEM:

- → 6–8 ofenfeste Förmchen
- → 1 Rolle veganer Blätterteig
- → Mandel-Pflanzendrink zum Bestreichen nach Belieben

FÜR 6–8 PERSONEN
ARBEITSZEIT: 40 MINUTEN
SCHMORZEIT: 2 STUNDEN
MARINIERZEIT: 12 STUNDEN

Für die Marinade die Karotten in 1 Zentimeter große Würfel schneiden. Die Roten Beten in 2 Zentimeter große Stücke schneiden. Zwiebeln und Knoblauch sehr fein würfeln. Die Würzpaste mit 600 Milliliter Wasser verrühren. Lorbeer, Wacholder, Nelken, Thymian und Pfeffer in einen Teebeutel oder ein Tee-Ei geben, damit man die Gewürze später leicht wieder entfernen kann. Die vorbereiteten Zutaten in einer großen Schüssel mit Wein und Sojasoße zu einer Marinade mischen. Die Portobellopilze mit der Hand in etwa 3 Zentimeter große, unregelmäßige Stücke brechen, zur Marinade geben, vorsichtig vermengen und über Nacht im Kühlschrank ziehen lassen.

Am nächsten Tag den Tofu in 1 Zentimeter große Würfel schneiden. Kartoffeln in 3 Zentimeter große Stücke schneiden. Den Lauch in 1 Zentimeter dicke Ringe schneiden.

Den Ofen auf 160 °C (Ober-/Unterhitze) vorheizen. Die Pilze mit der Marinade durch ein Sieb abgießen, dabei die Flüssigkeit auffangen. Einen großen, schweren Bräter auf dem Herd erhitzen, 8 Esslöffel Öl hineingeben und die gut abgetropfte Pilz-Gemüse-Mischung darin für 10 Minuten stark anbraten. Keine Angst beim Anbraten, es sollen möglichst kräftige Röststoffe entstehen. Mehl und Tomatenmark dazugeben und für 3 Minuten mitrösten. Mit ⅓ der Marinadenflüssigkeit ablöschen, Röstaromen vom Boden lösen und die Flüssigkeit verkochen lassen. Weitere 5 Minuten anrösten, die restliche Marinadenflüssigkeit angießen und erneut die Röstaromen vom Bräterboden lösen. Kartoffeln dazugeben und alles zugedeckt 1,5 Stunden im Ofen schmoren.

Währenddessen eine Pfanne erhitzen, das restliche Öl hineingeben und den Tofu darin bei starker Hitze 7 bis 10 Minuten knusprig braun braten. Darauf achten, dass der Tofu gleichmäßig knusprig wird. Lauch und Erbsen untermischen und beiseitestellen. Nach den 1,5 Stunden Schmorzeit die Tofu-Gemüse-Mischung in den Bräter geben, gut vermengen und für weitere 30 Minuten schmoren. Aus dem Ofen nehmen und mit Salz, Pfeffer und Sojasoße abschmecken. Den Gewürzbeutel entfernen.

Den Eintopf in die ofenfesten Förmchen füllen. Auf jedes Förmchen ein Quadrat aus Blätterteig legen, das etwa 1 Zentimeter größer als das Förmchen ist. Den Blätterteig an den Rändern fest andrücken, anschließend den überstehenden Teig vorsichtig abziehen. In die Mitte des Teiges ein kleines Kreuz ritzen, damit überschüssiger Dampf entweichen kann. Die Förmchen bei 180 °C (Umluft) für 15 Minuten in den Ofen geben, bis der Blätterteig schön braun und knusprig ist. Für etwas mehr Glanz kann man in den letzten 5 Minuten auch etwas Mandel-Pflanzendrink auf den Teig pinseln.

TSCHOLENT
ISRAELISCHER SCHMORTOPF

FÜR DEN SCHMORTOPF:

- → 8 EL Olivenöl
- → 2 Zwiebeln, abgezogen und fein gewürfelt, 160 g
- → 3 Knoblauchzehen, abgezogen und fein gewürfelt
- → 2 rote Spitzpaprika, entkernt und fein gewürfelt
- → 2 Selleriestangen, fein gewürfelt
- → 400 g festkochende Kartoffeln, geschält und der Länge nach geviertelt
- → 160 g Mung Dal, gut gewaschen
- → 160 g Vollkorn-Rundkornreis oder Graupen, gut gewaschen
- → 1 l milde Gemüsebrühe
- → 1 Süßkartoffel, geschält und in 3 cm große Würfel geschnitten, 200 g

FÜR DIE GEWÜRZMISCHUNG:

- → 1 TL abgeriebene Schale von 1 Bio-Zitrone
- → 1 TL edelsüßes Paprikapulver
- → 2 EL Rosinen
- → 1 TL rosenscharfes Paprikapulver
- → 1 TL Kreuzkümmel, gemörsert
- → 1 EL natürliches Salz
- → 2 EL getrocknete Tomaten, fein gehackt

FÜR DEN JOGHURTDIP:

- → 1 Bund Petersilie, sehr fein gehackt, 40 g
- → 30 Blatt Minze, fein gehackt
- → 400 g Soja- oder Kokosjoghurt
- → 1 EL weißes Mandelmus
- → 1 TL schwarzer Pfeffer, frisch gemahlen
- → 40 g fermentierte Salzgurken oder Essiggurken, fein geraspelt
- → 1 kleiner Bio-Apfel, fein geraspelt
- → 1 TL abgeriebene Schale von 1 Bio-Orange
- → 1 TL natürliches Salz

FÜR 4–6 PERSONEN
ARBEITSZEIT: 20 MINUTEN
SCHMORZEIT: 2 STUNDEN

Den Ofen auf 160 °C (Umluft) vorheizen. Die Zutaten für die Gewürzmischung vermengen. Einen schweren Bräter erhitzen, das Öl hineingeben und Zwiebel,- Knoblauch-, Paprika- sowie Selleriewürfel kräftig darin anrösten, bis deutlich Röstfarbe zu sehen ist. Kartoffeln, Mung Dal, Reis oder Graupen und die Gewürzmischung dazugeben. Für 30 Sekunden kräftig anrösten, dann mit Brühe ablöschen. Süßkartoffelwürfel dazugeben, Röstaromen vom Topfboden lösen. Einmal stark aufkochen und anschließend zugedeckt 2 Stunden im Ofen schmoren: Nach 30 und 60 Minuten vorsichtig umrühren, dann für weitere 30 Minuten bei 160 °C garen. Für die letzten 30 Minuten die Hitze auf 100 °C reduzieren und das Gericht ohne Deckel fertig schmoren.

Für den Joghurtdip alle Zutaten mischen und bis zum Servieren in den Kühlschrank stellen. Den fertigen Schmortopf auf den Tisch stellen und den Joghurtdip sowie nach Belieben einen knackigen Salat dazu servieren.

TIPPS: Sehr lecker schmecken auch angebratene Sojafilets oder Kräuterseitlinge in dem Schmortopf.

Mung Dal sind halbierte und geschälte, leicht gelbe Mungbohnen. Man bekommt sie im Biomarkt, Reformhaus oder Asialaden.

Mit natürlichem Salz meine ich ein unbehandeltes Salz wie Meersalz oder Steinsalz. Man erkennt es daran, dass nicht jedes Körnchen gleich aussieht, da die Salzkörner nicht rund geschliffen wurden. Natürliches Salz würzt deutlich milder als raffiniertes Salz und schmeckt auch sonst ganz anders.

NEW-ORLEANS-
GUMBO MIT DUMPLINGS

Für das Gumbo Paprika, Zwiebel, Knoblauch und Sellerie mit der Küchenmaschine oder dem Mixer fein krümelig häckseln. Alternativ ohne Mixer fein raspeln und nochmals durchhacken. Alle Zutaten für die Gewürzmischung in eine kleine Schale geben. Brühe mit Tomaten, Essig, Worcestershire- und Sojasoße verrühren. Die restlichen Zutaten für das Gumbo bereitstellen.

Für den Roux Margarine in einem kleinen Topf erhitzen, das Mehl einstäuben und glatt rühren. Das Mehl anschließend für 10 bis 15 Minuten unter ständigem Rühren braun bis dunkelbraun anrösten. Dieser Schritt ist für den Geschmack des Gumbo maßgeblich; man darf den Topf nicht verlassen, da das Mehl schnell anbrennen und dann bitter werden kann. Nimm dir die Zeit. Wenn der Roux schön braun ist, den Topf vom Herd nehmen.

Einen großen Bräter oder schweren Topf erhitzen und das Bratöl hineingeben. Karotten und Seitlinge darin braun anrösten. Das gehäckselte Gemüse dazugeben und 5 Minuten mitrösten. Roux dazugeben, durchmischen, Brühe-Tomaten-Mischung angießen, durchmischen und die Gewürzmischung dazugeben. Einmal stark aufkochen und anschließend 1 Stunde ohne Deckel bei 175 °C (Umluft) im Ofen schmoren. Alle 20 Minuten umrühren. Bohnen mit Bohnenwasser und Süßkartoffeln oder Kürbis erst in den letzten 20 Minuten dazugeben, damit sie nicht verkochen.

20 Minuten bevor das Gumbo fertig ist, die Dumplings zubereiten – nicht früher! Dafür die trockenen Zutaten mischen, den Soja-Pflanzendrink einrühren und mit dem Kochlöffel zu einem homogenen Teig schlagen. 10 Minuten gehen lassen. 4 Liter Wasser aufkochen und salzen, dann nur noch leicht sieden lassen. Mit einem feuchten Esslöffel Teignocken abstechen und ins Wasser gleiten lassen, am besten an den Stellen, an denen es leicht blubbert. Dumplings 5 Minuten sanft simmern lassen, dann vorsichtig wenden und weitere 5 Minuten ziehen lassen.

Das Gumbo aus dem Ofen holen und je nach gewünschter Konsistenz mit etwas Brühe verdünnen. Es sollte nicht komplett eingekocht sein. Abschmecken und mit den Dumplings servieren.

TIPP: Als Gemüse kann man eigentlich alles verwenden, ins Original kommt meist auch Okra rein. Die Dreierkombi Zwiebel – grüne Paprika – Stangensellerie ist allerdings ein Muss. Ursprünglich wird das Gumbo mit viel fettiger Wurst und noch mehr Schmalz zubereitet – unsere Variante ist also die Lightversion. Und hat durch die Pilze, den Roux, die Kombualge, den Rauchpaprika und die Hefe trotzdem jede Menge Umami-Power. Richtiges Soulfood!

FÜR DAS GUMBO:

- → 1 grüne Paprikaschote, entkernt und grob gewürfelt
- → 1 Zwiebel, abgezogen und gewürfelt
- → 2 Knoblauchzehen, abgezogen
- → 2 Selleriestangen, gewürfelt
- → 600 ml kräftige Gemüsebrühe
- → 1 Dose stückige italienische Tomaten, 400 g
- → 1 TL Balsamicoessig
- → 1 TL vegane Worcestershiresoße
- → 3 EL Sojasoße (Tamari)
- → 3 EL hitzestabiles Bratöl
- → 150 g Karotten, grob gewürfelt
- → 150 g Kräuterseitlinge, in 2 cm große Würfel geschnitten
- → 1 Dose Kidney- oder Borlottibohnen mit Bohnenwasser
- → 150 g Süßkartoffeln oder Kürbis, geschält und in 2 cm große Würfel geschnitten

FÜR DIE GEWÜRZMISCHUNG:

- → 1 TL geräuchertes Paprikapulver
- → 10 g getrocknete Shiitakepilze, zerbröseln oder zerhacken
- → 2 EL Würz-Hefeflocken
- → 1 TL Knoblauchpulver
- → 2 Lorbeerblätter
- → 1 TL getrockneter Thymian
- → 1 TL getrockneter Oregano
- → 1 TL schwarzer Pfeffer, frisch gemahlen
- → 1 TL rosenscharfes Paprikapulver
- → 3 g Kombualge oder Kelp, fein gehackt

FÜR DEN ROUX (MEHLSCHWITZE):

- → 60 g vegane Margarine, z. B. Alsan®-Bio, oder neutrales Bratöl
- → 25 g Dinkelmehl Type 1050 oder ein anderes Mehl wie z. B. Reismehl

FÜR DIE DUMPLINGS (TEIGKLÖSSCHEN):

- → 300 g Dinkelmehl Type 630
- → 75 g Maisstärke
- → 75 g Kichererbsenmehl
- → 3 TL Salz
- → 3 gestrichenen TL Backpulver
- → 3 TL getrockneter Thymian
- → 450 ml Soja-Pflanzendrink

FÜR 3–4 PERSONEN
ARBEITSZEIT: 30 MINUTEN
SCHMORZEIT: 1 STUNDE

JAMBALAYA
KREOLISCHER ART

FÜR DAS JAMBALAYA:

→ 200 g Kichererbsen, gekocht und gut abgetropft; alternativ: Jackfruit oder Räuchertofu
→ 8 EL neutrales Olivenöl
→ 1 große Zwiebel, abgezogen und fein gewürfelt
→ 1 grüne Paprikaschote, entkernt und fein gewürfelt
→ 3 Selleriestangen, fein gewürfelt
→ 1 großer Kohlrabi, geschält und in 2 cm große Würfel geschnitten
→ 1 Fenchelknolle, in feine Streifen geschnitten
→ 300 g Langkornreis

FÜR DIE GEWÜRZMISCHUNG:

→ 1 TL geräuchertes Paprikapulver
→ 20 g getrocknete Shiitakepilze, zerbröseln oder zerhacken
→ 2 EL Hefeflocken
→ 1 EL rosenscharfes Paprikapulver
→ 1 EL Knoblauchpulver
→ 2 Lorbeerblätter
→ 1 TL getrockneter Thymian
→ ½ TL Muskatnuss
→ ½ TL gemahlene Kurkuma
→ 1 TL getrockneter Oregano
→ 2 TL schwarzer Pfeffer, frisch gemahlen

FÜR DEN KOCHSUD:

→ 600 ml würzige Gemüsebrühe
→ 1 Dose stückige Tomaten, 400 g
→ 1 EL vegane Worcestershiresoße
→ 3 EL Sojasoße (Tamari)
→ 2 TL natürliches Salz

FÜR DAS TOPPING:

→ 5 EL Koriandergrün, grob geschnitten
→ 5 EL Petersilie, fein geschnitten
→ 5 EL Apfel, fein gewürfelt
→ 1 EL Limettensaft
→ 1 TL Olivenöl
→ 1 Prise Zimtpulver
→ ½ TL Salz

FÜR 4–5 PERSONEN
ARBEITSZEIT: 30 MINUTEN
SCHMORZEIT: 30 MINUTEN

Den Ofen auf 160 °C (Umluft) vorheizen. Wird Jackfruit oder Räuchertofu verwendet, in 1,5 Zentimeter große Würfel schneiden. Alle Zutaten für die Gewürzmischung in einer Schale vermengen. Alle Zutaten für den Kochsud verrühren.

Einen schweren Bräter erhitzen, das Olivenöl hineingeben und Kichererbsen (siehe Tipp), Jackfruit oder Tofu darin braun rösten. Mit 1 Teelöffel der Gewürzmischung bestäuben und diese kurz mitrösten. Zwiebel-, Paprika- und Selleriewürfel dazugeben und ebenfalls scharf anbraten, bis deutliche Röststoffe zu sehen sind. Die restliche Gewürzmischung hineingeben, kurz mitrösten und mit dem Kochsud ablöschen. Röstaromen lösen und die restlichen Zutaten in den Bräter geben. Gut durchmischen, kurz aufkochen und zugedeckt 30 Minuten im Ofen schmoren.

Die Zutaten für das Topping mischen. Wenn die Jambalaya fertig ist, heiß auf 4 bis 5 Teller verteilen und mit dem Topping sowie nach Belieben mit einem Klecks Joghurt genießen.

TIPPS: Achtung: Wenn du Kichererbsen verwendest, musst du sie sehr gut abtropfen lassen, da sie in dem heißen Öl sonst spritzen oder platzen.

Ich esse gerne einen frischen Salat dazu, und der Minzjoghurt vom gerösteten Blumenkohl (siehe S. 60) passt auch wunderbar dazu.

GEMÜSECURRY
KREOLISCHER ART MIT GESCHMORTEM SELLERIE

FÜR DAS CURRY:

- → 1 große Sellerieknolle, geschält
- → 400 g Kokosmilch
- → 1 Dose stückige Tomaten, 400 g
- → 400 ml Gemüsebrühe
- → 2 EL Limettensaft
- → 2 EL natives Kokosöl
- → 400 g festkochende Kartoffeln, geschält und in 2 cm große Würfel geschnitten
- → 200 g Zwiebeln, abgezogen und gewürfelt
- → 2 Knoblauchzehen, abgezogen und gewürfelt

FÜR DIE CURRY-GEWÜRZMISCHUNG:

- → 20 g Ingwer, geschält und fein gewürfelt
- → 20 g getrocknete und gemahlene Shiitakepilze
- → 2 TL gemahlene Kurkuma
- → 2 TL gemahlener Kreuzkümmel
- → 2 TL getrockneter Thymian
- → 2 TL getrockneter Oregano
- → 3 TL schwarzer Pfeffer, frisch gemahlen
- → 1 EL Meersalz
- → 2 EL getrocknete Mango, fein gehackt
- → 2 cm Kombualge, fein gehackt (optional)

FÜR DEN SELLERIELACK:

- → 2 EL Sojasoße (Tamari)
- → 2 EL Ahornsirup
- → 2 EL Limettensaft
- → 1 EL Erdnussmus oder Erdnussbutter
- → ½ TL geräuchertes Paprikapulver
- → 1 TL rosenscharfes Paprikapulver

FÜR DAS TOPPING:

- → 1 Handvoll Koriandergrün, fein geschnitten
- → 4 EL geröstete Erdnüsse, gehackt

FÜR 4–5 PERSONEN
ARBEITSZEIT: 25 MINUTEN
SCHMORZEIT: 30 MINUTEN

Den Sellerie halbieren und anschließend von allen Seiten mit dem Messer vorsichtig etwa 3 Millimeter tief einschneiden, sodass etwa 1 Zentimeter große Rauten als Muster entstehen. Alle Zutaten für die Gewürzmischung in eine kleine Schale geben. Kokosmilch, Tomaten, Gemüsebrühe und Limettensaft verrühren.

Den Ofen auf 160 °C (Umluft/Obergrill) vorheizen. Einen großen, schweren Bräter erhitzen, das Kokosöl hineingeben und die Selleriehälften darin von allen Seiten goldbraun anbraten. Aus dem Bräter nehmen. Stattdessen Kartoffeln, Zwiebeln und Knoblauch hineingeben und ebenfalls goldgelb anrösten. Mit der Gewürzmischung bestäuben, diese 20 Sekunden mitrösten und mit der Kokosmilch-Tomaten-Mischung ablöschen. Röstaromen vom Boden lösen. Die Selleriehälften mit der Rundung nach oben auf die Mischung setzen, sodass mindestens die Hälfte sichtbar ist, und für 10 Minuten ohne Deckel in den Ofen geben.

Für den Sellerielack alle Zutaten mit dem Pürierstab zu einer homogenen Masse mixen und die Selleriehälften damit bepinseln. Wieder in den Ofen schieben und nach weiteren 10 Minuten erneut bepinseln. Die Temperatur auf 190 °C erhöhen und das Curry nochmals 10 Minuten schmoren, bis der Sellerie leicht knusprig ist. Mit Koriander und Erdnüssen toppen und nach Belieben mit Reis servieren.

KIMCHI-SOJAROULADEN

FÜR DIE ROULADEN:

- → 3 EL Bio-Gemüsebrühepulver
- → 3 TL Paprikapulver
- → 3 EL Sojasoße (Tamari)
- → 3 Soja Big Steaks
- → 9 EL Bratöl

FÜR DIE ROULADENFÜLLUNG:

- → 2 EL Erdnussmus
- → 240 g Kimchi, ausgedrückt; alternativ: schneller pflanzlicher Kimchi-Ersatz (siehe S. 23)
- → 3 EL geröstetes Sesamöl
- → Salz

FÜR DIE MADEIRAJUS:

- → 300 g Zwiebeln, abgezogen und sehr fein gewürfelt
- → 30 g getrocknete Shiitakepilze, fein gemörsert
- → 100 g Selleriestange, in 0,5 cm große Würfel geschnitten
- → 100 g Karotte, in 0,5 cm große Würfel geschnitten
- → 3 Knoblauchzehen, abgezogen und fein gewürfelt
- → 1 TL schwarzer Pfeffer, frisch gemahlen
- → 3 Wacholderbeeren, zerdrückt
- → 1 l Gemüsebrühe
- → 3 EL Sojasoße (Tamari)
- → 300 ml Madeira (Wein)

AUSSERDEM:

- → Zahnstocher

FÜR 2–3 PERSONEN
ARBEITSZEIT: 30 MINUTEN
SCHMORZEIT: 40 MINUTEN

Für die Rouladen Gemüsebrühepulver, Paprikapulver und Sojasoße mit 1 Liter Wasser aufkochen. Die Big Steaks darin 5 Minuten kochen und weitere 5 Minuten ziehen lassen. Abgießen (siehe Tipp) und zwischen zwei Schneidebrettern ausdrücken, bis keine Flüssigkeit mehr austritt. Anschließend mit einem scharfen Messer waagerecht halbieren, sodass jeweils 2 große Scheiben à 5 Millimeter Dicke entstehen. Das geht am einfachsten, wenn man das Big Steak auf das Schneidebrett legt und ein kleines, flaches Brett leicht daraufpresst. Dann mit einem scharfen, langen Messer vorsichtig in der Mitte durchschneiden.

Für die Rouladenfüllung die dünnen Big Steaks je Hälfte mit 1 Teelöffel Erdnussmus bestreichen, mit etwa 40 Gramm Kimchi dünn belegen und mit ½ Esslöffel Sesamöl bepinseln. Mit etwas Salz würzen. Die Rouladen sehr straff aufrollen und mit Zahnstochern fixieren, damit sie nicht aufklappen.

Für die Madeirajus alle festen Zutaten in eine Schüssel geben. Brühe und Sojasoße verrühren, Madeira bereitstellen.

Den Ofen auf 200 °C (Ober-/Unterhitze) vorheizen. Einen schweren Bräter auf dem Herd erhitzen. Das Bratöl hineingeben und die Rouladen darin von allen Seiten leicht braun anrösten. Die Gemüsemischung der Madeirajus um die Rouladen herum verteilen und den Bräter für 10 Minuten in den Ofen stellen. Anschließend mit Madeira ablöschen, etwas durchmischen und alles weitere 10 Minuten schmoren. Dann mit der Brühe ablöschen, durchmischen und 20 Minuten bei 175 °C fertig schmoren.

Die Rouladen aus dem Sud nehmen. Nun gibt es zwei Möglichkeiten. Entweder die Soße durch ein feines Sieb abgießen, sodass eine dunkle, dünne Jus übrig bleibt, oder zusammen mit dem Gemüse pürieren und anschließend durch ein feines Sieb passieren. So entsteht eine etwas hellere und cremigere Soße. Jus oder Soße zu den Rouladen servieren.

TIPPS: Die Flüssigkeit, in der die Big Steaks gegart werden, kann man auskühlen lassen, einfrieren und wiederverwenden.

Zu den Kimchi-Sojarouladen passt wunderbar ein cremiges Kartoffelpüree.

PILZRAGOUT
MIT SPINATNOCKEN

Für die Spinatnocken die Zwiebelwürfel in dem Olivenöl goldgelb anrösten. Den Pflanzendrink mit Salz, Pfeffer und Thymian aufkochen und mit ganzen Spinatblättern, Backpulver, Stärke und Kichererbsenmehl im Mixer glatt pürieren. Über das Knödelbrot gießen, die Zwiebeln dazugeben, gut, aber locker durchmischen und 20 Minuten ziehen lassen.

Für das Ragout einen Topf stark erhitzen und Zwiebelringe, Knoblauch-, Karotten- und Selleriewürfel sowie Kümmel und Salbei hineingeben und mit dem Olivenöl 4 Minuten kräftig anrösten, bis deutlich und gleichmäßig braune Röstfarbe zu sehen ist. Mit Wein ablöschen, Röstaromen lösen und Wein komplett verkochen lassen. Pilze dazugeben und 2 Minuten mitrösten. Mit Brühe ablöschen, Salz und getrocknete Pilze (falls sie statt Morcheln verwendet werden) dazugeben und 30 Minuten zugedeckt köcheln lassen. Fenchelstreifen dazugeben, vom Herd nehmen und zugedeckt ziehen lassen.

Leicht gesalzenes Wasser in einem großen Topf erhitzen. Den fein geschnittenen Spinat zum Knödelteig geben und mit den Händen locker vermischen – nicht zerkneten. Mit leicht feuchten Händen etwa 4 Zentimeter lange und 3 Zentimeter dicke Nocken rollen, dabei Hände immer wieder leicht befeuchten. Die Außenseite der Nocken muss glatt sein. Auf einem Brett sammeln und in das Wasser gleiten lassen, wenn es kocht. Die Temperatur dann so reduzieren und regulieren, dass das Wasser nicht sprudelt. Die Nocken 20 Minuten im Topf ziehen lassen, herausnehmen.

2 Kellen Kochflüssigkeit vom Ragout in einen Messbecher geben, das Nussmus mit dem Stabmixer einarbeiten und die »Sahne« wieder zum Ragout geben. Aufkochen lassen, bis die Flüssigkeit leicht sämig ist. Mit Salz, Pfeffer und Essig abschmecken. Ragout in Schalen füllen, jeweils 1 bis 2 Spinatnocken daraufsetzen und mit Fenchelgrün und Nüssen bestreuen.

VARIANTE 1: Die Knödelmasse zu einer 5 Zentimeter dicken und länglichen Rolle formen. In Klarsichtfolie einrollen, die Enden verknoten. Dieses »Bonbon« wiederum in Alufolie einrollen und die Enden gut eindrehen. 40 Minuten im Topf schwimmend in leicht siedendem Wasser garen, dann bleibt die schöne grüne Farbe erhalten. Die Rolle anschließend im kalten Wasserbad etwa 15 Minuten leicht abkühlen lassen, auspacken und mit einem feuchten Messer in Scheiben schneiden. Diese brate ich gerne noch knusprig in der Pfanne an.

VARIANTE 2: 3 Zentimeter große Knödelchen rollen, aufs Backblech legen, mit etwas Öl bepinseln und für 35 Minuten bei 160 °C (Umluft) im Ofen knusprig backen. Der Teig ist so angelegt, dass man am nächsten Tag noch etwas übrig hat, um die Nocken auszubraten. Schmeckt lecker mit Knoblauch-Salbei-Öl und gebratenen Semmelbröseln.

FÜR DIE SPINATNOCKEN:

- → 120 g Zwiebel (mit Schale), abgezogen und in feine Würfel geschnitten
- → 2 EL Olivenöl
- → 450 ml Sojadrink
- → 1 TL Meersalz
- → ½ TL schwarzer Pfeffer, frisch gemahlen
- → ½ TL getrockneter Thymian
- → 100 g frischer Spinat
- → 1 ½ TL Backpulver
- → 10 g Speisestärke
- → 30 g Kichererbsenmehl; alternativ: Lupinen- oder Sojamehl
- → 600 g trockenes Knödelbrot, in 0,5 Millimeter große Würfel geschnitten (beim Bäcker erhältlich)
- → 50 g frischer Spinat, fein geschnitten wie Kräuter

FÜR DAS RAGOUT:

- → 240 g Zwiebeln (mit Schale), abgezogen, halbiert und in Ringe geschnitten
- → 2 Knoblauchzehen, abgezogen und gewürfelt
- → 150 g Karotten (mit Schale), geschält und sehr fein gewürfelt oder geraspelt
- → 2 Selleriestangen, sehr fein gewürfelt, 60 g
- → 1 TL Kümmel
- → 2 Salbeiblätter oder ½ TL getrockneter Thymian
- → 6 EL Olivenöl
- → 300 ml trockener veganer Weißwein
- → 300 g Kräuter- oder Austernseitlinge, in 2 cm große Stücke gerissen
- → 300 g Champignons, geviertelt
- → 40 g Spitzmorcheln oder 20 g getrocknete Steinpilze
- → 1 ½ l milde Brühe
- → 1 TL Meersalz
- → 1 Fenchelknolle, halbiert und in Streifen geschnitten, 250 g
- → 90 g weißes Cashew- oder Mandelmus
- → schwarzer Pfeffer, frisch gemahlen
- → weißer Balsamicoessig

FÜR DIE DEKO:

- → Fenchelgrün (siehe Ragout)
- → Pinienkerne oder Pistazien, geröstet

FÜR 4 PERSONEN
ARBEITSZEIT: 1 STUNDE

GERÄUCHT

BLÄTTERTEIG-SCHNECKEN

MIT MANDEL-CASHEW-CREME

- → 100 g geschälte weiße Mandeln
- → 5 g getrocknete Steinpilze oder Shiitake
- → 100 g Cashewbruch
- → 1 TL natürliches Salz
- → 100 g Zucchini, gewürfelt
- → 1 EL Zitronensaft
- → 2 EL desodoriertes/neutrales Bratöl
- → 1 EL helle, milde Misopaste oder Würz-Hefeflocken
- → 1 kleine Knoblauchzehe, abgezogen
- → 1 TL abgeriebene Schale von 1 Bio-Zitrone
- → etwas Brühe bei Bedarf
- → 1 kleines Beutelchen Symbiolakt®-Probiotikum (in der Apotheke oder online erhältlich) oder 3 EL Brottrunk

AUSSERDEM:

- → 1 Rolle veganer Blätterteig
- → 1 Zucchini
- → 1 Muffinblech
- → etwas Pflanzendrink zum Bepinseln

FÜR CA. 10 RÖLLCHEN
ARBEITSZEIT: 25 MINUTEN
BACKZEIT: 30 MINUTEN
RUHEZEIT: 12 STUNDEN (ÜBER NACHT)

Mandeln, Pilze und Cashewbruch in 1 Liter Wasser 10 Minuten sanft köcheln. Abgießen. Die Nuss-Pilz-Masse mit Salz, Zucchiniwürfeln, Zitronensaft, Öl, Misopaste, Knoblauch und Zitronenschale im Mixer fein krümelig und leicht cremig pürieren. Wenn die Masse zu trocken wird, etwas Brühe angießen. Auf Handwärme abkühlen lassen, anschließend das Probiotikum einarbeiten. In ein großes Glas mit Bügelverschluss füllen und mit der Räucherpistole (siehe S. 17) so viel Rauch in das Glas blasen, bis es voller Rauch ist. Das Glas verschließen und die Masse über Nacht in der warmen Küche ungekühlt reifen lassen.

Am nächsten Tag den Ofen auf 190 °C (Ober-/Unterhitze) vorheizen. Blätterteig ausrollen und in der Breite in 10 gleichmäßige, etwa 3 bis 4 Zentimeter breite Streifen schneiden. Die Zucchini längs in 2 Millimeter dünne Streifen schneiden oder hobeln. Jeden Blätterteigstreifen gleichmäßig etwa 3 Millimeter dick mit der geräucherten Creme bestreichen und mit 1 Zucchinistreifen belegen. Jeweils zu einer Schnecke aufrollen, in die Vertiefungen des Muffinblechs setzen und mit etwas Pflanzendrink bepinseln. 30 Minuten im Ofen backen, bis die Schnecken schön braun sind. Dazu schmeckt das Mango-Apfel-Chutney von Seite 123 oder die Soße der Kroketten von Seite 170.

TIPPS: Wer die geräucherte Creme sofort, ohne Reifung essen möchte, kann das natürlich tun. Teste aber ruhig mal den Unterschied aus, den die Reifezeit macht. Mit den probiotischen Kulturen ist die Creme deutlich bekömmlicher und leichter. Sie hält sich bis zu 7 Tage im Kühlschrank, wenn man das Gefäß leicht geöffnet lässt, sodass etwas Luft rankommt, und macht sich auch ausgezeichnet als Pastafüllung.

Nach Belieben kann man noch verschiedene Kräuter, fein gehackte Kapern, Zwiebelwürfel oder getrocknete Tomaten auf der Creme verteilen, bevor man den Blätterteig zu Schnecken aufrollt.

BUCHWEIZENBLINIS
MIT GERÄUCHERTER PAPRIKA & SENFSOSSE

→ 2 große rote Paprikaschoten

FÜR DIE GEWÜRZMISCHUNG:

→ 1 Noriblatt, im Mörser fein gemahlen
→ 1 EL getrockneter Dill oder 2 EL frischer Dill, fein gehackt
→ 2 TL Rauchsalz (vorzugsweise dänisches) oder Rauchsalz-Spray
→ 1 TL Rohrzucker
→ ½ TL schwarzer Pfeffer, frisch gemahlen
→ 1 EL neutrales Bratöl
→ 1 Knoblauchzehe, abgezogen und durch die Presse gedrückt
→ 1 Wacholderbeere, fein gemörsert

FÜR DIE BLINIS:

→ 400 ml Sojadrink
→ 2 TL Ahornsirup
→ 1 ½ TL natürliches Salz
→ 2 TL Trockenhefe
→ 200 g Vollkorn-Buchweizenmehl
→ 5 EL mildes Olivenöl oder desodoriertes Kokosöl zum Ausbacken

FÜR DIE SENFSOSSE:

→ 100 g Soja- oder Lupinenjoghurt
→ 2 EL weißes Mandel- oder Cashewmus
→ 1 EL Ahornsirup
→ 1-2 EL Dijonsenf
→ ½ TL schwarzer Pfeffer, frisch gemahlen
→ 1 TL abgeriebene Schale von 1 Bio-Orange
→ natürliches Salz zum Abschmecken

FÜR 20 KLEINE BLINIS
ARBEITSZEIT: 30 MINUTEN
RUHEZEIT: MINDESTENS 1 STUNDE

Den Ofen auf maximale Temperatur und Obergrill vorheizen. Die Paprika längs halbieren und mit der Hautseite nach oben auf ein mit Backpapier ausgelegtes Backblech setzen. In 10 bis 20 Minuten - je nach Ofen - schwarz grillen. Wichtig: Die Haut muss richtig schwarz und verkohlt sein. Die Paprika aus dem Ofen nehmen, mit einem feuchten Papiertuch bedecken und etwas auskühlen lassen. Die Gewürzmischung in einem Schälchen verrühren.

Die Haut der Paprika abziehen und das Kerngehäuse entfernen. Das Fruchtfleisch in 2 Zentimeter breite Streifen schneiden und die Streifen nochmals in 2 Millimeter dünne Scheibchen filetieren. Mit der Gewürzmischung einreiben und je nach Größe in einen bis zwei Gefrierbeutel geben; dabei darauf achten, dass die Streifen nebeneinander ausgebreitet liegen. Beutel verschließen und auf ein kleines Schneidebrett legen. Ein weiteres Schneidebrett auf den Beutel mit den ausgebreiteten Paprikastreifen legen und mit etwas Schwerem fixieren. Für mindestens 1 Stunde - optimal wäre über Nacht - in den Kühlschrank zum Durchziehen geben.

Für die Blinis den Pflanzendrink lauwarm erhitzen und mit Ahornsirup, Salz und Hefe verrühren. 10 Minuten ziehen lassen. Anschließend mit dem Mehl zu einem homogenen Teig verarbeiten und mindestens 20 Minuten bis 1 Stunde mit einem Küchentuch zugedeckt an einem warmen Ort gehen lassen.

In der Zwischenzeit für die Senfsoße alle Zutaten gut mischen, mit Salz, Ahornsirup und Senf abschmecken und im Kühlschrank ziehen lassen.

Eine beschichtete Pfanne erhitzen, 1 Esslöffel Öl hineingeben und 4 Teigkleckse à 1 Esslöffel darin so verteilen, dass 4 schöne, kleine, runde Blinis entstehen. Von beiden Seiten knusprig braun ausbacken und auf einen Teller geben. Zum Warmhalten abdecken. So fortfahren, bis der Teig aufgebraucht ist.

Die Paprika auf den Blinis leicht gedreht anrichten, mit einem Klecks Senfsoße und nach Belieben mit Kräutern garnieren und genießen.

TIPP: Wenn man kein Buchweizenmehl hat, sondern nur ganze Körner, diese einfach im guten Mixer zu Mehl pulverisieren und nochmals durch ein Sieb sieben.

SMOKED
PULLED-SEITLING-SLIDER

Für den Pulled Seitling das Öl in einem Topf erhitzen und die Pilzscheiben 2 bis 3 Minuten kräftig darin anrösten. Den Topf vom Herd nehmen, mit dem Deckel verschließen, den Schlauch der Räucherpistole mit der Öffnung in den Topf klemmen und eine ordentliche Ladung Rauch hineinblasen. Deckel ganz auflegen und die Pilze 10 Minuten ziehen lassen. Für ein noch intensiveres Raucharoma das Ganze 2- bis 3-mal wiederholen – es schmeckt aber auch schon nach einem Durchgang schön rauchig.

Für die Essigzwiebeln die Zwiebelringe mit den restlichen Zutaten kurz aufkochen und dann ohne Hitze ziehen lassen. Für den Romana-Slaw alle Zutaten mischen, etwas verkneten und mit Salz und Pfeffer abschmecken.

Den Ofen auf 200 °C (Umluft) vorheizen. Die Pilze mit einer Gabel in Faserrichtung ausfransen, sodass die Pulled-Optik entsteht. Mit der Hälfte der BBQ-Soße mischen und 10 Minuten im Ofen rösten. Anschließend mit der restlichen BBQ-Soße mischen.

Die Laugensemmeln aufschneiden und in einer Pfanne antoasten. Die Schnittflächen mit Senf bestreichen. Je 1 Portion Romana-Slaw auf die Bodenhälften setzen. Mit Tomatenscheiben, Pulled Seitling und Essigzwiebeln belegen und mit der oberen Semmelhälfte verschließen.

FÜR DEN PULLED SEITLING:

→ 3 EL Bratöl
→ 6 große Kräuterseitlinge, in 2 cm dicke Scheiben geschnitten
→ 6 EL BBQ-Soße

FÜR DIE ESSIGZWIEBELN:

→ 1 Zwiebel, abgezogen und in sehr dünne Ringe geschnitten
→ 100 ml Brühe
→ 4 EL weißer Essig
→ 1 EL Ahornsirup
→ Salz und Pfeffer

FÜR DEN ROMANA-SLAW:

→ 2 kleine Romanasalatherzen, längs in Streifen geschnitten
→ 3 EL vegane Mayonnaise
→ 1 Bio-Karotte, fein geraspelt
→ 1 Prise abgeriebene Schale von 1 Bio-Zitrone
→ 1 EL Zitronensaft
→ Salz
→ schwarzer Pfeffer, frisch gemahlen

AUSSERDEM:

→ 3 vegane Laugensemmeln
→ 3 TL Dijonsenf
→ 3 Scheiben reife Tomate

FÜR 3 SLIDER
ZUBEREITUNGSZEIT: 25 MINUTEN

FÜR DIE LINSEN:

- → 240 g rote Linsen, gewaschen
- → 120 g Selleriestangen, in 1 cm große Würfel geschnitten
- → 100 g Zwiebeln, abgezogen und fein gewürfelt
- → 6 EL Petersilie, fein geschnitten
- → 3 Tomaten, fein gewürfelt
- → 4 EL Zitronensaft
- → 2 EL Olivenöl
- → Salz
- → schwarzer Pfeffer, frisch gemahlen

FÜR DEN SPARGEL:

- → 1 EL Ahornsirup
- → 3 EL Bio-Sojasoße
- → 1 EL Zitronensaft
- → 2 EL Bratöl
- → 600 g grüner Spargel, im unteren Drittel geschält und gewaschen
- → 2 cm Ingwer, geschält und fein gewürfelt
- → 2 cm milde Chilischote, entkernt und fein gewürfelt
- → 1 Knoblauchzehe, abgezogen und fein gewürfelt

FÜR DIE CASHEW-HOLLANDAISE:

- → 100 ml trockener, veganer Weißwein
- → 300 g Cashewbruch
- → 180 g neutrales Bratöl
- → 8 EL Zitronensaft
- → 1 TL Dijonsenf
- → 1 sehr kleine Knoblauchzehe, abgezogen
- → ½ gestrichener TL Cayennepfeffer
- → 4 TL Würz-Hefeflocken
- → 1½ TL Kala Namak (schwarzes Salz aus Indien, optional, für den Eigeschmack)
- → 3 TL natürliches Salz
- → ½ TL gemahlene Kurkuma
- → ½ TL weißer Pfeffer, frisch gemahlen

AUSSERDEM:

- → 2 Champignons

FÜR 3 PERSONEN
ZUBEREITUNGSZEIT: 35 MINUTEN

SPARGEL MIT CASHEW-HOLLANDAISE

AUF GERÄUCHERTEN LINSEN

Linsen sowie Sellerie- und Zwiebelwürfel in 2 Liter Wasser in 7 Minuten leicht bissfest kochen. Den Wein für die Hollandaise in einem kleinen Topf auf die Hälfte einkochen. Linsen abgießen, dabei das Kochwasser auffangen und 300 Milliliter davon abmessen. Linsen im Sieb mit kaltem Wasser abbrausen, bis diese nur noch lauwarm sind. Zurück in den Topf geben, zudecken, den Schlauch der Räucherpistole mit der Öffnung in den Topf klemmen und eine ordentliche Ladung Rauch hineinblasen. Deckel ganz auflegen und Linsen 10 Minuten ziehen lassen. Dann das Ganze durchmischen und den Räuchervorgang wiederholen.

Für den Spargel Ahornsirup, Sojasoße und Zitronensaft verrühren. Eine große Pfanne erhitzen, das Öl hineingeben und die Spargelstangen darin 4 Minuten anbraten. Ingwer, Chili und Knoblauch dazugeben und für 2 Minuten mitrösten. Anschließend mit der Ahornsirupmischung ablöschen. Den Spargel darin gut durchschwenken und so lange auf dem Herd lassen, bis die Flüssigkeit verdampft ist. Pfanne vom Herd nehmen und den Spargel zugedeckt ziehen lassen.

Für die Hollandaise alle Zutaten mit dem eingekochten Weißwein und dem aufgefangenen Kochwasser im Mixer zu einer glatten Soße pürieren und mit Salz, Pfeffer und Zitronensaft abschmecken.

Petersilie, Tomatenwürfel, Zitronensaft und Olivenöl zu den lauwarmen Linsen geben, durchmischen und mit Salz und Pfeffer abschmecken. Auf 3 Tellern verteilen, den Spargel daraufsetzen und mit Soße begießen. Die Champignons mit einem sehr feinen Hobel darüberhobeln.

DOSA-PFANNKUCHEN
MIT ZWIEBELN & SMOKED PAPRIKA

Für die Dosa Reis und Dal getrennt mit je 1 Liter Wasser über Nacht einweichen. Am nächsten Tag abgießen. Nun zuerst den Reis mit dem Mixer und sehr wenig Wasser – löffelweise dazugeben – zu einer dickflüssigen, glatten, nicht mehr krümeligen Paste mixen. In eine Schüssel geben. Dann das Dal ebenfalls mit sehr wenig Wasser zu einer glatten und dickflüssigen Paste mixen. Wichtig ist, dass Reis und Dal getrennt gemixt werden. Anschließend das Dal zum Reisteig geben. Salz und Hefe unterrühren und so viel Wasser dazugeben, dass ein dicker, aber flüssiger Teig entsteht. In einen Topf füllen, der doppelt bis dreimal so viel Volumen hat wie der Teig. Zugedeckt an einem etwa 22 °C warmen Ort (Heizung oder sonniges Fensterbrett) mindestens 1 bis höchstens 5 Stunden gehen lassen. Der Teig sollte sich dann verdoppelt haben und leicht säuerlich riechen und schmecken.

In der Zwischenzeit die smoked Paprika zubereiten (siehe Buchweizenblinis mit geräucherter Paprika & Senfsoße, S. 51, Zubereitungsschritte 1 und 2).

Für die Zwiebeln alle Zutaten vermengen und auf einem Backblech verteilen. Bei 120 °C 30 Minuten im Ofen schmoren.

Eine kleine beschichtete Pfanne mit abgerundeten Kanten erhitzen, etwas Bratöl hineingeben und 1 Kelle Dosa-Teig in die Mitte gießen. Durch Schwenken der Pfanne den Teig hauchdünn verteilen. Auf diese Weise knusprig-braune und dünne Pfannkuchen ausbacken. Auf 3 Teller verteilen und je eine Hälfte mit Frischkäse, geräucherter Paprika, Koriander, Zwiebeln, Frühlingszwiebeln und Erdnüssen belegen. Die andere Hälfte leicht darüberklappen.

TIPP: Statt mit veganem Frischkäse kann man die Pfannkuchen auch mit einem Klecks Mandel-Cashew-Creme (siehe S. 48) toppen.

FÜR DIE DOSA (PFANNKUCHEN):

- → 200 g Basmatireis
- → 100 g Urd Dal oder Mung Dal (aus dem Asialaden)
- → 2 TL Salz
- → ½ TL Trockenhefe
- → Bratöl zum Ausbacken

FÜR DIE SMOKED PAPRIKA:

- → 2 große rote Paprikaschoten

FÜR DIE PAPRIKA-MARINADE:

- → 1 Noriblatt, im Mörser fein gemahlen
- → 1 EL getrockneter Dill oder 2 EL frischer Dill, fein gehackt
- → 2 TL Rauchsalz (vorzugsweise dänisches) oder Rauchsalz-Spray
- → 1 TL Rohrzucker
- → ½ TL schwarzer Pfeffer, frisch gemahlen
- → 1 EL Bratöl
- → 1 Knoblauchzehe, abgezogen und durch die Presse gedrückt
- → 1 Wacholderbeere, fein gemörsert

FÜR DIE ZWIEBELN:

- → 2 Zwiebeln, abgezogen und in Ringe geschnitten
- → 1 EL Olivenöl
- → 1 EL Ahornsirup
- → 1 EL Balsamicoessig
- → 1 TL Salz

FÜR DAS TOPPING:

- → 150 g veganer Frischkäse, z. B. von Soyananda®
- → 1 Handvoll Koriandergrün, grob geschnitten
- → 3 EL Frühlingszwiebeln, fein geschnitten
- → 3 EL geröstete Erdnüsse, fein gehackt

FÜR 3 PERSONEN
ARBEITSZEIT: 30 MINUTEN
EINWEICHZEIT: 12 STUNDEN
GEHZEIT: 1–5 STUNDEN

GERÖSTET & GEBACKEN

BLUMENKOHL
MIT COUSCOUS & JOGHURTDIP

→ 1 großer Blumenkohl mit Blättern

FÜR DIE MARINADE:

→ 1 Knoblauchzehe, abgezogen
→ 2 EL Sojasoße
→ 1 TL weißes Mandelmus
→ 2 EL Zitronensaft
→ 5 EL Olivenöl
→ 1 EL geröstetes Sesamöl
→ 1 EL Ahornsirup
→ 1 TL rosenscharfes Paprikapulver
→ 1 TL gemahlener Kreuzkümmel

FÜR DEN COUSCOUS:

→ 300 ml milde Gemüsebrühe
→ 200 g Vollkorn-Couscous (Dinkel oder Weizen)
→ 4 EL Olivenöl
→ 4 EL Petersilie, fein gehackt
→ 2 EL Zitronensaft
→ 6 Datteln, in kleine Würfel geschnitten
→ Salz
→ schwarzer Pfeffer, frisch gemahlen

FÜR DEN JOGHURTDIP:

→ 400 g ungesüßter Soja- oder Lupinenjoghurt
→ 2 EL Koriandergrün oder Basilikum, fein geschnitten
→ 30 g weißes Mandel- oder Cashewmus
→ 2 EL Petersilie, fein geschnitten
→ 2 EL Minze, fein geschnitten
→ 2 Frühlingszwiebeln, sehr fein geschnitten
→ 2 TL natürliches Salz
→ 1 ½ EL Zitronensaft
→ 1 ½ EL Ahornsirup
→ 1 TL fein abgeriebene Schale von 1 Bio-Zitrone
→ schwarzer Pfeffer, frisch gemahlen

FÜR DIE DEKO:

→ 2 EL Sesam, geröstet
→ 2 EL Mandelstifte, geröstet
→ Kräuter und Blüten zum Bestreuen, z. B. Kapuzinerkresse, Gänseblümchenblätter, Bärlauchblüten, Borretsch oder Rucolablüten

FÜR 3–4 PERSONEN
ZUBEREITUNGSZEIT: 1 STUNDE

Den Ofen auf 185 °C (Ober-/Unterhitze) vorheizen. Den Blumenkohl gründlich waschen und die Blätter abziehen. Schöne Blätter trocken tupfen und beiseitelegen. Den Blumenkohlstrunk sauber abschneiden, sodass der Kohlkopf stabil steht.

Für die Marinade alle Zutaten im Mixer oder mit dem Pürierstab zu einer homogenen Paste mixen. Den Blumenkohl in einer großen Schüssel damit begießen und einreiben. Auf ein mit Backpapier belegtes Backblech setzen und 50 Minuten im Ofen backen. Dabei alle 15 Minuten mit Marinade bepinseln.

Währenddessen für den Couscous die Brühe aufkochen. Couscous in eine breite Schüssel geben und mit der Brühe und 2 Esslöffeln Olivenöl begießen. Locker durchmischen und zugedeckt 10 Minuten ziehen lassen. Anschließend die restlichen Zutaten locker einarbeiten, mit Salz und Pfeffer abschmecken und ohne Deckel weiter ziehen lassen, bis der Blumenkohl gar ist.

Für den Joghurtdip 100 Gramm Joghurt mit dem Koriandergrün glatt pürieren. Anschließend mit den restlichen Zutaten in einer Schüssel mischen. Mit Salz und Pfeffer abschmecken.

Die beiseitegelegten Blumenkohlblätter mit der restlichen Marinade mischen, um den Blumenkohl herum verteilen und in den letzten 15 Minuten mitbacken. Anschließend den Grill dazuschalten und alles 5 bis 10 Minuten röstbraun und knusprig grillen. Achtung: dabeibleiben, damit die Blätter nicht zu schwarz werden.

Den Couscous auf einer Servierplatte verteilen und Blumenkohl sowie Blätter darauf anrichten. Mit Sesam, Mandeln, Kräutern und Blüten bestreuen. Den Joghurtdip in einer Schale dazu servieren.

TIPP: Dazu passen im Ofen geröstete Karotten, Spargelstangen oder Paprikaschoten. Den Blumenkohlstrunk kann man übrigens auch essen – er schmeckt zum Beispiel gebraten sehr gut.

GEFÜLLTE PAPRIKA LASAGNE-STYLE

- 3 sehr große rote oder gelbe Paprikaschoten
- ca. 200 g Lasagneplatten
- Salz
- ca. 450 g TK-Blattspinat, aufgetaut, aber nicht ausgedrückt
- 10 g getrocknete Tomaten, fein gehackt

FÜR DIE BLITZ-BÉCHAMEL:

- 300 g Cashewbruch
- 80 g neutrales Öl
- 4 TL natürliches Salz
- ½ TL Muskatnuss, frisch gerieben
- 30 g Dinkel- oder Reismehl
- 2 EL helle Misopaste oder Würz-Hefeflocken

FÜR DIE DEKO:

- 6 EL Basilikum und Rucola, fein geschnitten
- 2 EL Pinienkerne, geröstet

FÜR 3 PERSONEN
ZUBEREITUNGSZEIT: 1 STUNDE

Deckel und Stiel der Paprikaschoten so abschneiden, dass der Rest der Paprika unversehrt und ganz bleibt, damit man den unteren Teil befüllen kann. Deckel fein würfeln. Paprika gründlich entkernen und die Trennwände sauber herausschneiden, damit die Nudelplatten später leichter eingepasst werden können. Die Lasagneplatten in gesalzenem Wasser kochen, bis sie gerade weich und formbar sind, kurz abschrecken und anschließend in Stücke reißen, die in die Paprika passen.

Für die Blitz-Béchamel 350 Milliliter Wasser aufkochen und mit den restlichen Zutaten im Mixer glatt und sämig mixen.

Die Paprikaschoten zuerst mit einer Schicht Spinat, dann mit etwas gehackten getrockneten Tomaten, Paprikawürfeln und einer Schicht Béchamel befüllen. Eine Schicht Nudeln einpassen und darauf wieder etwas Béchamel geben. Den Vorgang wiederholen, bis alle Zutaten aufgebraucht sind, dabei mit Béchamel abschließen. Beim Befüllen 0,5 bis 1 Zentimeter Platz zum oberen Rand lassen.

Den Ofen auf 180 °C (Umluft) vorheizen. Gefüllte Paprikaschoten nebeneinander in eine ofenfeste Form mit hohem Rand stellen und 35 bis 45 Minuten – je nach Größe der Paprika – im Ofen backen. Etwa 10 Minuten abkühlen lassen, auf Teller setzen und mit den fein geschnittenen Kräutern sowie Pinienkernen bestreuen.

TIPP: Ist die Paprika unförmig und steht sie nicht gut, kann man eine kleine, ofenfeste Form mit einer Packung ungekochter Bohnen oder Kichererbsen befüllen. Ein Stück Backpapier darauflegen und die Paprika in die Bohnen »stecken«, sodass sie nicht umkippen können. Die Hülsenfrüchte danach auskühlen lassen und zum Blindbacken von Teig oder Ähnlichem aufbewahren.

NEUSEELÄNDISCHE
JACKFRUIT-MINI-PIES

Für den Teig den Pflanzendrink aufkochen, Salz und Margarine dazugeben, schmelzen lassen und zum Mehl geben. 5 bis 10 Minuten gut durchkneten. In Folie gewickelt 25 Minuten im Kühlschrank ruhen lassen.

Für die Füllung Jackfruit und Kartoffeln in 1 Zentimeter große Würfel schneiden und mit Zwiebel- sowie Knoblauchwürfeln in eine Schüssel geben. Die Brühe mit Worcestershiresoße, Sojasoße und Balsamicoessig verrühren, die Zutaten für die Gewürzmischung in einem kleinen Schälchen vermengen.

Einen Topf mit 5 Liter Fassungsvermögen stark erhitzen, das Öl hineingeben und die Füllung darin braun anrösten. Falls sie zu dunkel wird, mit einem kleinen (!) Schuss Brühe ablöschen, Röstaromen vom Topfboden lösen und wieder anrösten. Dabei immer wieder die Jackfruitstücke leicht zerdrücken, sodass sie ausfasern. Den Röstvorgang 2-mal wiederholen. Dann die Gewürzmischung dazugeben und noch ein letztes Mal kräftig anrösten. Mit der restlichen Brühemischung ablöschen, Röstaromen lösen und zugedeckt 20 Minuten sanft köcheln lassen oder bei 150 °C 25 Minuten im Ofen garen. Die Stärke mit 3 Esslöffeln Wasser verrühren, zur Füllung geben und kurz aufkochen, bis sie bindet. Die Mischung im kalten Wasserbad schnell auf zimmerwarm herunterkühlen und mit Salz und Pfeffer abschmecken.

Den Teig auf einer bemehlten Arbeitsfläche 4 bis 5 Millimeter dick ausrollen und Kreise von etwa 8 Zentimeter Durchmesser ausstechen. Die Kreise in die Vertiefungen des Muffinblechs setzen, etwa 0,5 Zentimeter über den Rand hinausziehen und leicht andrücken. Restlichen Teig nochmals ausrollen und passende Deckel für die Pies ausstechen. In die Mitte der Deckel ein 1 × 1 Zentimeter großes Kreuz einschneiden, damit später der Dampf austreten kann. Die Vertiefungen ¾ hoch mit der Jackfruitmischung füllen, dabei darauf achten, dass der Rand sauber bleibt. Die Deckel auflegen und die Teigränder gut aneinanderdrücken, sodass der Deckel nicht aufgeht. Die Pies im Ofen bei 170 °C (Ober-/Unterhitze) in 40 Minuten knusprig backen. Zum Schluss 5 Minuten lang den Grill zuschalten und nochmals braun rösten.

Für die Salsa alle Zutaten mischen und ziehen lassen. Anschließend abschmecken. Die Pies etwa 30 Minuten auskühlen lassen und lauwarm genießen. Die Salsa dazu servieren.

TIPP: Die Pies schmecken auch kalt lecker. Wer sie noch brauner mag, kann sie in den letzten Minuten beim Backen mit etwas Mandel-Pflanzendrink bestreichen.

FÜR DEN TEIG:

- → 200 ml Sojadrink
- → 1 TL Salz
- → 150 g vegane Margarine, z. B. Alsan®-Bio
- → 500 g Dinkelmehl Type 630, durchgesiebt

FÜR DIE FÜLLUNG:

- → 200 g Bio-Jackfruit von Jacky F.® aus der Dose (alternativ junge Jackfrucht aus dem Asialaden)
- → 200 g festkochende Kartoffeln, geschält
- → 2 große Zwiebeln, abgezogen und fein gewürfelt, 200 g
- → 4 Knoblauchzehen, abgezogen und fein gewürfelt
- → 500 ml kräftige Gemüsebrühe
- → 2 EL Worcestershiresoße
- → 3 EL Sojasoße
- → 1 EL Balsamicoessig
- → 7 EL mildes Olivenöl
- → 1 EL Kartoffel- oder Maisstärke

FÜR DIE GEWÜRZMISCHUNG:

- → 1 TL schwarzer Pfeffer, frisch gemahlen
- → 2 Lorbeerblätter
- → ½ TL geräuchertes Paprikapulver
- → 1 TL abgeriebene Schale von 1 Bio-Zitrone
- → 2 EL Tomatenmark
- → 2 EL BBQ-Soße
- → 1 EL milde Misopaste oder Würz-Hefeflocken

FÜR DIE SALSA:

- → 1 Bund Petersilie, fein geschnitten
- → 1 kleine Schalotte, abgezogen und fein gewürfelt
- → 3 EL Zitronensaft
- → 2 EL Olivenöl
- → 1 EL Ahornsirup
- → Salz
- → schwarzer Pfeffer, frisch gemahlen

AUSSERDEM:

- → Mehl für die Arbeitsfläche
- → Muffinblech

FÜR CA. 10 PIES
ARBEITSZEIT: 40 MINUTEN
BACKZEIT: 45 MINUTEN

ENCHILADAS MIT CHILI
& SMOKY BÉCHAMEL

FÜR DAS CHILI:

- → 200 g Räuchertofu, mit der Gabel zu Hack zerdrückt
- → 8 EL Olivenöl
- → 200 g Zwiebeln, abgezogen und fein gewürfelt
- → 2 Knoblauchzehen, abgezogen und fein gewürfelt
- → 2 TL gemahlener Kreuzkümmel
- → 100 ml Orangensaft
- → 3 EL Sojasoße
- → 200 g Karotten, fein gewürfelt
- → 1 Selleriestange, fein gewürfelt
- → 1 grüne Paprikaschote, in 0,5 cm große Würfel geschnitten
- → 1 Dose Kidneybohnen, abgegossen und abgespült
- → 1 Dose stückige Tomaten, 400 g
- → 1 EL getrocknete Steinpilze, zerkrümelt
- → 1 TL mildes Chilipulver
- → 1 EL getrockneter Oregano
- → 1 EL weißes Mandel- oder Cashewmus
- → Salz
- → schwarzer Pfeffer, frisch gemahlen

FÜR DIE SMOKY BÉCHAMEL:

- → 300 g Cashewbruch
- → 80 g neutrales Öl
- → 4 TL natürliches Salz
- → 1 TL geräuchertes Paprikapulver
- → 1 TL rosenscharfes Paprikapulver
- → 1 EL helle Misopaste oder Würz-Hefeflocken

AUSSERDEM:

- → Öl für die Form
- → 6 Bio-Tortillafladen (ca. 25 cm ø)
- → Koriandergrün

FÜR 3–4 PERSONEN
ARBEITSZEIT: 45 MINUTEN
ZEIT IM OFEN: CA. 30 MINUTEN

Für das Chili eine große, tiefe Pfanne erhitzen, das Tofuhack hineingeben und mit dem Olivenöl braun rösten. Zwiebel- und Knoblauchwürfel dazugeben und 5 Minuten mitrösten. Kreuzkümmel zugeben und ebenfalls etwas mitrösten. Orangensaft mit Sojasoße verrühren und den Tofu damit ablöschen. Das restliche Gemüse, Bohnen, Tomaten, Pilze und 400 Milliliter Wasser dazugeben, gut durchmischen und ohne Deckel 25 Minuten sanft köcheln. Ab und zu umrühren.

Für die smoky Béchamel 350 Milliliter Wasser aufkochen und mit den restlichen Zutaten im Mixer glatt und sämig mixen. Anschließend in einem Topf unter ständigem Rühren kurz aufkochen, bis die Soße schön eindickt. Warm halten. Den Ofen auf 200 °C (Ober-/Unterhitze) vorheizen.

Das Chili mit Chilipulver, Oregano und Mandelmus sowie mit Salz und Pfeffer abschmecken. Die Hälfte der Bohnen mit dem Kochlöffel leicht zerdrücken, sodass die Mischung etwas bindet.

Eine etwa 5 Zentimeter hohe ofenfeste Form mit etwas Öl einfetten. Die Tortillafladen mit einigen Löffeln Chili füllen und zu Enchiladas mit einem Durchmesser von 3 Zentimeter aufrollen. Mit der Öffnungskante nach unten in die Form legen. Das restliche Chili auf den Enchiladas verteilen und diese anschließend 20 Minuten im Ofen knusprig backen. In den letzten 5 Minuten den Grill dazuschalten.

Die Enchiladas auf Tellern anrichten und mit einem guten Klecks Béchamel sowie nach Belieben mit Koriandergrün garnieren.

TIPPS: Hierzu passt die Salsa der Jackfruit-Pies (siehe S. 64) super. Einfach 2 Tomaten fein würfeln und unter die Salsa mischen. Ich esse auch gern einen frischen Salat zu den Enchiladas. Wer keinen Tofu mag, nimmt Lupinentempeh oder mehr Gemüse und Bohnen.

PIZZA CALZONE
MIT CASHEW-CREAM-CHEESE

Für den Teig 350 Milliliter lauwarmes Wasser mit Essig, Hefe und Ahornsirup verrühren. 10 Minuten ruhen lassen, bis die Mischung schäumt. Beide Mehle in eine Schüssel sieben und vermengen. Eine Mulde formen, die Flüssigkeit sowie Salz und Öl hineingeben und alles in etwa 10 Minuten zu einem homogenen Teig kneten. Eine Schüssel leicht einfetten, den Teig hineingeben, mit einem Küchentuch bedecken und an einem warmen Ort 1 Stunde gehen lassen, bis sich das Teigvolumen verdoppelt hat.

Für die Soße alle Zutaten bis auf den Oregano im Mixer glatt mixen. Anschließend mit Oregano in einem kleinen Topf etwa 20 Minuten sanft köcheln, bis etwa ⅓ der Flüssigkeit verkocht ist. Etwas abkühlen lassen. Während die Soße köchelt, für den »Käse« alle Zutaten im Mixer glatt pürieren. In eine beschichtete Pfanne geben und unter ständigem Rühren etwa 10 Minuten sanft köcheln, bis die Masse stark andickt. In eine Schüssel geben und in den Kühlschrank stellen.

Teig in 4 Teile teilen. 3 davon mit einem leicht feuchten Tuch bedecken, das restliche auf der bemehlten Arbeitsfläche mit einem Nudelholz zu einem etwa 4 Millimeter dicken Kreis ausrollen. Dabei immer wieder den Teig drehen und leicht bemehlen, damit er nicht an Nudelholz und Arbeitsfläche klebt. Auf ein mit Backpapier ausgelegtes Backblech legen. Den Ofen auf 250 °C (Ober-/Unterhitze) vorheizen. Wenn ein Brotbackstein vorhanden ist, diesen zum Aufheizen in den Ofen legen.

Auf dem Teigkreis etwas Tomatensoße verstreichen, dabei aber mindestens 4 Zentimeter Rand frei lassen. ¼ der Füllung auf die Tomatensoße geben und »Käse«-Flöckchen daraufsetzen. Mit Tomatensoße beträufeln. Die hintere Hälfte des Teigs nun vorsichtig nach vorn klappen, die Ränder gut zusammendrücken. Dabei darauf achten, dass so wenig Luft wie möglich eingeschlossen wird. Die Calzone nochmals mit Tomatensoße bestreichen. Mit den restlichen 3 Teigteilen ebenso verfahren und anschließend im Ofen in 8 bis 15 Minuten knusprig braun backen. Nach dem Backen 5 Minuten ruhen lassen, auf Teller geben und nach Belieben mit frischen Kräutern bestreut servieren.

TIPPS: Wenn es etwas schneller gehen muss, kann man den »Käse« auch direkt als Soße über das Gemüse träufeln. Angekocht bleibt er aber deutlich formstabiler und cremiger. Wer die Muße und Zeit hat, kann das Gemüse auch noch mit etwas Kräuteröl auf dem Grill oder im Ofen kräftig rösten. Dann kommt noch deutlich mehr Geschmack in die Calzone.

FÜR DEN TEIG:

→ 1 EL Essig
→ 1 Päckchen Trockenhefe, 9 g
→ 1 TL Ahornsirup
→ 550 g Dinkelmehl Type 1050
→ 60 g Maismehl
→ 1 TL Salz
→ 30 g Olivenöl

FÜR DIE TOMATENSOSSE:

→ 2 Dosen stückige Tomaten, 800 g
→ 6 EL Olivenöl
→ 4 TL natürliches Salz
→ 2 TL schwarzer Pfeffer, frisch gemahlen
→ 4 TL Ahornsirup
→ 4 Knoblauchzehen, abgezogen
→ 1 getrocknete Tomate oder 3 TL Tomatenmark
→ 2 TL gesalzene Kapern
→ 2 TL getrockneter Oregano

FÜR DEN »KÄSE«:

→ 75 g Cashewbruch, über Nacht eingeweicht oder 10 Minuten in Wasser gekocht
→ 100 ml Sojadrink
→ 1 ½ TL Chiasamen
→ 1 TL weißer Essig
→ 35 g neutrales Öl
→ 1 TL Knoblauchpulver
→ ½ TL Salz
→ 1 gute Prise gemahlene Kurkuma
→ 3 EL Würz-Hefeflocken

FÜR DIE FÜLLUNG:

→ 100 g Champignons, geviertelt und in dünne Scheiben geschnitten
→ 1 große Zwiebel, abgezogen und fein gewürfelt
→ 1 Brokkoli, in sehr kleine Röschen geteilt
→ 1 kleine Fenchelknolle, geviertelt und in feine Ringe geschnitten
→ 8 Stangen grüner Spargel, im unteren Drittel geschält und in Stücke geschnitten

AUSSERDEM:

→ Fett für die Schüssel
→ Mehl für die Arbeitsfläche

FÜR 4 PERSONEN
ARBEITSZEIT: CA. 45 MINUTEN
RUHEZEIT: 1 STUNDE

TOMATEN-BISQUE MIT
LINSENSALAT & AVOCADOBAGUETTE

FÜR DIE BISQUE:

- → 1,2 kg reife Kirschtomaten
- → 4 kleine Zwiebeln, abgezogen und in Spalten geschnitten, 260 g
- → 250 g Süßkartoffeln, in Stücke geschnitten
- → 2 EL Kokoschips, 40 g
- → 6 EL mildes Olivenöl
- → 2 TL natürliches Salz
- → 200 ml milde Gemüsebrühe
- → 100 ml Orangensaft
- → 2 cm Ingwer, geschält und fein gewürfelt
- → schwarzer Pfeffer, frisch gemahlen

FÜR DEN LINSENSALAT:

- → 150 g Belugalinsen, gewaschen
- → 1 Orange, filetiert
- → 3 EL Olivenöl
- → ½ TL schwarzer Pfeffer, frisch gemahlen
- → 2 EL Limettensaft
- → 1 ½ TL natürliches Salz
- → 1 EL Ahornsirup

FÜR DAS AVOCADOBAGUETTE:

- → ½ Baguette, in 2 cm dicke Scheiben geschnitten
- → 1 Knoblauchzehe, abgezogen und halbiert
- → natürliches Salz
- → 1 große, reife Avocado, in dünne Scheiben geschnitten
- → 8 Kirschtomaten, geachtelt
- → Saft von ½ Limette
- → schwarzer Pfeffer, frisch gemahlen

FÜR DAS TOPPING:

- → 4 EL Basilikum, grob gezupft
- → 4 EL Koriandergrün, grob gezupft

FÜR 3–4 PERSONEN
ZUBEREITUNGSZEIT: 35 MINUTEN

Den Ofen auf 220 °C (Umluft/Obergrill) vorheizen. Kirschtomaten, Zwiebeln, Süßkartoffeln und Kokoschips in einer ofenfesten Form mischen, mit Olivenöl beträufeln und mit Salz bestreuen. 15 Minuten im Ofen braun rösten. Anschließend mit Brühe, Orangensaft und Ingwer im Mixer glatt pürieren. Durch ein Sieb streichen und mit Salz und Pfeffer abschmecken.

Während das Gemüse im Ofen ist, für den Linsensalat die Linsen in ausreichend Wasser ohne Salz 15 bis 20 Minuten leicht bissfest kochen. Abgießen und heiß mit den restlichen Zutaten mischen. Ziehen lassen.

Für das Avocadobaguette das Brot im Ofen oder in einer Pfanne knusprig rösten. Mit der Knoblauchzehe einreiben, salzen und mit Avocadoscheiben belegen. Die Avocadoscheiben mit der Gabel leicht zerdrücken. Jeweils 2 bis 3 Tomatenachtel daraufsetzen und mit etwas Limettensaft und Pfeffer würzen.

Die Bisque in Schalen verteilen, mit Linsensalat und Baguette anrichten und mit Kräutern toppen.

INFO: Unter einer Bisque versteht man ursprünglich eine dicke, geschmacksintensive Suppe aus Wildgeflügel. Heute wird sie überwiegend aus Hummern und Krebsen zubereitet, man kann sie, wie hier, aber natürlich auch aus rein pflanzlichen Zutaten kochen.

HOKKAIDO
MAC-&-CHEESE MIT GEMÜSE

Die Pasta nach Packungsanleitung in reichlich Salzwasser bissfest kochen und danach sofort kalt abschrecken.

In der Zwischenzeit für die Soße Kürbis-, Kartoffel- und Zwiebelwürfel mit 200 Milliliter Wasser, Cashewbruch und ½ Teelöffel Salz in einem Topf zugedeckt in 15 Minuten sanft gar kochen. Anschließend mit den restlichen Zutaten im Mixer glatt pürieren.

Den Ofen auf 200 °C (Ober-/Unterhitze) vorheizen. Eine ofenfeste Form mit Öl ausfetten. ⅔ der Soße mit der Hälfte der Tomatenwürfel und des Rucolas, den Pilzen, dem Spargel und der Pasta mischen und in der Form verteilen. Den Rest der Soße angießen. Die Semmelbrösel mit dem Olivenöl mischen und auf der Pasta verteilen. 30 Minuten im Ofen knusprig backen, anschließend für 5 Minuten den Grill dazuschalten. Aus dem Ofen nehmen, 5 bis 10 Minuten abkühlen lassen, auf Tellern verteilen und mit den restlichen Tomatenwürfeln und dem restlichen Rucola garniert servieren.

- → 250 g Makkaroni
- → Salz

FÜR DIE SOSSE:

- → 100 g Hokkaidokürbis, in 1 cm große Würfel geschnitten
- → 100 g mehligkochende Kartoffeln, geschält und 1 cm große Würfel geschnitten
- → 100 g rote Zwiebeln, abgezogen und gewürfelt
- → 50 g Cashewbruch
- → 2 ½ TL natürliches Salz
- → 1 EL Tapioka- oder Kartoffelstärke
- → 1 EL Senf
- → 2 Knoblauchzehen, abgezogen
- → 8 EL mildes Olivenöl
- → 1 EL Zitronensaft
- → 1 EL Worcestershiresoße
- → 6 EL Hefeflocken
- → 1 TL weißer Pfeffer, frisch gemahlen
- → 1 TL gesalzene Kapern

FÜR DAS GEMÜSE:

- → 2 große, reife Tomaten, in 0,5 cm große Würfel geschnitten
- → 5 EL Rucola, fein geschnitten
- → 2 große Champignons, in Scheiben geschnitten
- → 5 Stangen Spargel, geschält und in 0,5 cm große Stücke geschnitten

AUSSERDEM:

- → Öl für die Form
- → 5 EL Semmelbrösel
- → 1 EL mildes Olivenöl

FÜR 3–4 PERSONEN
ARBEITSZEIT: 30 MINUTEN
ZEIT IM OFEN: 30 MINUTEN

RAINBOW VEGGIE
ROAST MIT REISNUDELKRAUT

FÜR DIE CHILIKAROTTEN:

→ 12 kleine Karotten mit Grün
→ 1 TL milde Chiliflocken oder rosenscharfes Paprikapulver
→ ½ TL Fenchelsamen, angemörsert oder fein gehackt
→ 1 TL natürliches Salz
→ 1 TL Ahornsirup
→ 2 EL mildes Olivenöl

FÜR DIE KICHERERBSEN:

→ 1 TL getrockneter Thymian
→ ½ TL schwarzer Pfeffer, frisch gemahlen
→ 1 TL Ahornsirup
→ 1 EL Limettensaft
→ 2 EL Sojasoße
→ 2 EL mildes Olivenöl
→ 1 Dose Kichererbsen, abgegossen, abgespült und getrocknet

FÜR DEN KNUSPERBROKKOLI:

→ 1 gute Prise Zimtpulver
→ 1 TL natürliches Salz
→ 2 EL geröstetes Sesamöl
→ 1 Brokkoli, in 3 cm große Röschen zerteilt

FÜR DEN ORANGENCHICORÉE:

→ 1 TL natürliches Salz
→ 1 Prise Vanillepulver
→ 2 EL Ahornsirup
→ 6 EL Orangensaft, frisch gepresst
→ 2 EL mildes Olivenöl
→ 3 Chicoréestauden, längs in Achtel geschnitten

FÜR DIE SMOKY DATTELN:

→ 8 große Medjoul-Datteln mit Stein
→ 1 gute Prise geräuchertes Paprikapulver
→ ½ TL Salz
→ 1 EL mildes Olivenöl

FÜR DAS REISNUDELKRAUT:

→ 200 g Reis-Bandnudeln
→ 200 g Spitzkohl, in feine Streifen geschnitten

Den Ofen auf 220 °C (Umluft/Obergrill) vorheizen. Für die Chilikarotten Karotten schälen und etwa 3 Zentimeter vom Karottengrün dranlassen. Sollten die Karotten dicker als 1,5 Zentimeter sein, längs vierteln.

Für diese und die restlichen 3 Gemüsevariationen jeweils die Gewürze und das Öl in einer Schale mischen und das Gemüse damit vermengen. Ein Backblech mit etwas Öl bepinseln und in jede Ecke eine der Gemüsevariationen setzen. So ausbreiten, dass nichts übereinanderliegt. Die Datteln mit Paprikapulver, Salz und Öl vermengen und in die Mitte des Blechs setzen. Alles im Ofen in 12 bis 15 Minuten knusprig braun rösten.

Für das Reisnudelkraut die Nudeln nach Packungsanleitung kochen und mit lauwarmem Wasser abschrecken. Die Zutaten für die Marinade 2 Minuten in einem Topf aufkochen und anschließend im Mixer zu einer cremigen Masse mixen. Mit den Nudeln und den Spitzkohlstreifen vermengen und mit Salz, Zitronensaft und Pfeffer abschmecken.

Den Granatapfel entkernen. Dafür diesen halbieren und eine Hälfte in einen Gefrierbeutel geben. Den Beutel zuhalten, Granatapfel mit der Schnittfläche nach unten in die Hand legen und mit einem Kochlöffel auf die Rückseite schlagen, sodass die Kerne herausfallen. Mit der anderen Hälfte ebenso verfahren.

Die lauwarme Reisnudelmischung auf einer großen Platte verteilen und das Gemüse sowie die Datteln auf den Nudeln anrichten. Mit Granatapfelkernen, Kräutern und Sesam garniert servieren.

FÜR DIE MARINADE:

→ 1 Bio-Apfel, entkernt und geraspelt
→ 40 g Mandelmus
→ 50 g Rote Bete, geschält und geraspelt
→ 1 EL geröstetes Sesamöl
→ 300 ml milde Gemüsebrühe
→ 2 TL natürliches Salz
→ 4 EL Zitronensaft
→ 2 cm Bio-Zitronenschale
→ ½ TL schwarzer Pfeffer, frisch gemahlen

FÜR DIE DEKO:

→ 1 Granatapfel
→ 4 EL frische Kräuter
→ 2 EL Sesam oder Kürbiskerne, geröstet

AUSSERDEM:

→ Öl für das Blech

FÜR 3–4 PERSONEN
ZUBEREITUNGSZEIT: 35 MINUTEN

CHIA-GRIESSAUFLAUF
MIT KIRSCHEN

- → 400 ml Sojadrink
- → 50 g natives Kokosöl
- → ½ gestrichener TL gemahlene Kurkuma
- → 200 g Cashewbruch
- → 100 g Rohrzucker
- → ½ TL Vanillepulver
- → 1 TL fein abgeriebene Schale von 1 Bio-Orange
- → 1 TL Salz
- → 2 TL Backpulver
- → 200 g Dinkel- oder Weizengrieß
- → 20 g Chiasamen

AUSSERDEM:

- → 1 TL Kokosöl für die Form
- → 350 g Schattenmorellen, abgetropft
- → 100 g Mandelblättchen
- → etwas Puderzucker (optional)

FÜR 4–6 PERSONEN
ARBEITSZEIT: 20 MINUTEN
BACKZEIT: 1 STUNDE

Den Ofen auf 160 °C (Ober-/Unterhitze) vorheizen. Den Pflanzendrink mit Kokosöl, Kurkuma und Cashewbruch kurz aufkochen und 5 Minuten ziehen lassen. Anschließend mit Rohrzucker, Vanillepulver, Orangenschale und Salz im Mixer in 2 Minuten zu einer glatten Masse mixen.

Eine kleine, ofenfeste Form - ca. 15 × 30 Zentimeter - mit Kokosöl einfetten. Backpulver, Grieß und Chiasamen mischen und mit der Pflanzendrinkmasse zu einem homogenen Teig verrühren. In die Form füllen und die Kirschen gleichmäßig darauf verteilen. Dabei etwas in den Teig drücken. Den Auflauf 1 Stunde im Ofen backen; in den letzten 5 Minuten den Grill dazuschalten, damit der Auflauf schön braun wird. Achtung: Hier bitte dabeibleiben, damit der Auflauf nicht verbrennt.

In der Zwischenzeit die Mandelblättchen in einer Pfanne ohne Fett goldbraun rösten. Den Auflauf nach dem Backen 20 Minuten abkühlen lassen, auf Teller verteilen und mit Mandelblättchen bestreut sowie nach Belieben mit etwas Puderzucker bestäubt servieren.

TIPPS: Ist die Backform größer, sodass die Masse statt 3 bis 4 nur beispielsweise 2 Zentimeter hoch hineingefüllt werden kann, verkürzt sich die Backzeit um etwa 30 Prozent.

Durch die Kirschen bekommt der Auflauf naturgemäß einen kleinen grauroten Farbstich. Wen das stört, der nimmt statt Kirschen einfach einen gewürfelten Boskop-Apfel. Zu diesem Auflauf passt Vanillesoße ausgezeichnet.

BRATAPFEL MIT
BANANENBROT-SCHOKO-FÜLLUNG

FÜR DIE SCHOKOCREME:

- → 160 g weiße vegane Schokolade, z. B. IChoc®, in Stücke gebrochen
- → 80 g Cashewbruch
- → 160 ml Sojadrink, heiß
- → 1 gute Prise Salz

FÜR DEN BANANENBROTTEIG:

- → 100 g reife Banane, in Stücke geschnitten
- → 100 ml Mandel- oder ein anderer Pflanzendrink
- → 2 EL Ahornsirup
- → 1 gute Prise Salz
- → 2 EL neutrales Bratöl
- → 75 g Dinkelmehl Type 1050 oder 630
- → 2 TL Backpulver

FÜR DIE BRATÄPFEL:

- → 3 große Äpfel
- → 2 EL Zitronensaft
- → ½ TL Zimtpulver
- → 3 große Medjoul-Datteln
- → Fett für die Form

FÜR 3 PERSONEN
ARBEITSZEIT: 20 MINUTEN
BACKZEIT: 25 MINUTEN

Den Ofen auf 180 °C (Ober-/Unterhitze) vorheizen. Für die Schokocreme alle Zutaten mit dem Mixer zu einer glatten Creme mixen.

Für den Bananenbrotteig die Bananenstücke mit Pflanzendrink, Ahornsirup, Salz und Öl im Mixer glatt mixen. Mehl und Backpulver dazugeben und kurz mitmixen.

Für die Bratäpfel die ganzen Äpfel mit dem Gehäuseausstecher entkernen. Anschließend mit einem kleinen Messer das entstandene Loch von oben bis zur Mitte des Apfels kegelförmig erweitern: Oben ist es nun doppelt so breit, damit Platz für den Teig ist, unten bleibt die Größe. Die Äpfel mit Zitronensaft und Zimt einreiben. Die Datteln entkernen und als Pfropfen für die Äpfel verwenden, also in das Loch unten hineindrücken, damit Schokolade und Teig später nicht unten herausfließen können.

Die Schokocreme etwa 2 Zentimeter hoch auf den Dattelpfropfen gießen. Auf die Creme wiederum vorsichtig den Teig gießen. Wenn etwas Teig übrig bleibt, einfach in Muffinmulden füllen und mitbacken. Die gefüllten Äpfel in eine leicht gefettete, ofenfeste Form setzen und 25 Minuten im Ofen backen. Anschließend 5 bis 10 Minuten auskühlen lassen, die restliche Schokocreme darübergießen und genießen.

TIPP: Die Flüssigkeitsmenge muss um ca. 10 Prozent reduziert werden, wenn das hellere Mehl verwendet wird.

GEKOCHT

CASHEW-VEGGIE
KORMA

Für das Korma Kartoffelwürfel in einem kleinen Topf mit etwas Wasser oder im Dämpfeinsatz 10 Minuten weich kochen. In der Zwischenzeit für die Currysoße einen schweren Topf erhitzen, das Sesamöl hineingeben und die Zwiebelwürfel darin braun rösten. Knoblauch-, Chili- und Ingwerwürfel sowie Cashewbruch dazugeben und 1 Minute mitrösten. Die Zutaten für die Gewürzmischung vermengen, ebenfalls dazugeben und 30 Sekunden mitrösten. Mit Tomaten und Brühe ablöschen, Röstaromen lösen, Koriandergrün, Salz und Kokosfett dazugeben und alles zugedeckt 10 Minuten sanft köcheln lassen.

Die Currysoßenmischung im Mixer glatt und cremig pürieren und zurück in den Topf geben. Die Kartoffeln, das Gemüse für das Korma und die Rosinen in die Soße geben und nochmals alles zugedeckt 10 Minuten sanft köcheln lassen. Währenddessen für das Topping Cashewbruch und Kokosflocken in einer Pfanne ohne Fett kräftig anrösten und mit den restlichen Topping-Zutaten mischen. Das Korma mit dem Topping garniert servieren.

TIPPS: Dazu passen Chapatis – ungesäuertes indisches Fladenbrot – oder Reis. Der Rest der Kokosmilch kann aufbewahrt und anderweitig verwendet werden.

Stellt man die Kokosmilch über Nacht in den Kühlschrank, so lässt sich das feste Fett supereinfach herausnehmen. Am besten eignet sich Bio-Kokosmilch, da hier keine Emulgatoren hinzugefügt werden, die verhindern, dass sich flüssige und feste Bestandteile trennen.

FÜR DAS KORMA:

→ 200 g festkochende Kartoffeln oder Süßkartoffeln, geschält und in 2 cm große Würfel geschnitten
→ 200 g Karotten, in 3 cm große Würfel geschnitten
→ 100 g Champignons, geviertelt
→ 50 g grüne Paprikaschote, in 1 cm große Stücke geschnitten
→ 50 g Selleriestange, fein gewürfelt
→ 25 g Rosinen

FÜR DIE CURRYSOSSE:

→ 2 EL geröstetes Sesamöl
→ 2 große Zwiebeln, abgezogen und gewürfelt
→ 4 Knoblauchzehen, abgezogen und gewürfelt
→ 1 rote, mittelscharfe Chilischote, entkernt und gewürfelt
→ 20 g Ingwer, geschält und fein gewürfelt
→ 60 g Cashewbruch, gewaschen
→ 200 g Tomaten, gewürfelt, aus der Dose oder frisch
→ 150 ml milde Gemüsebrühe
→ 20 g Koriandergrün, fein geschnitten mit Stiel und Wurzel
→ 2 TL natürliches Salz
→ 1 Dose Kokosmilch, davon nur das feste Fett

FÜR DIE GEWÜRZMISCHUNG:

→ 3 EL getrocknete Mango, fein gewürfelt
→ 2 TL Kreuzkümmelsamen
→ ½ TL gemahlene Kurkuma
→ 1 TL edelsüßes Paprikapulver
→ 1 TL getrockneter Thymian
→ ½ TL rosenscharfes Paprikapulver
→ Samen aus 5 Kardamomkapseln
→ ½ TL Garam Masala

FÜR DAS TOPPING:

→ 50 g Cashewbruch
→ 25 g Kokosflocken
→ 3 EL Schalotte, abgezogen und sehr fein gewürfelt
→ 5 Kirschtomaten, geviertelt
→ 5 EL Koriandergrün, fein geschnitten
→ 5 EL Limettensaft
→ 1 EL Ahornsirup

FÜR 3–4 PERSONEN
ZUBEREITUNGSZEIT: 30 MINUTEN

SCHNELLES KIMCHI-KICHERERBSEN-CHILI

FÜR DAS CHILI:

- → 1 große Zwiebel, abgezogen und fein gewürfelt
- → 4 Knoblauchzehen, abgezogen und fein gewürfelt
- → 150 g Kimchi, fein gehackt (siehe S. 22), alternativ: schneller pflanzlicher Kimchi-Ersatz (siehe S. 23)
- → 200 g festkochende Kartoffeln, geschält und in 1 cm große Würfel geschnitten
- → 4 EL Olivenöl
- → 3 TL gemahlener Kreuzkümmel
- → ½ TL süßes Rauchpaprikapulver (Pimentón de la Vera)
- → 1 TL–1 EL rosenscharfes Paprikapulver (optional)
- → 30 ml Single-Malt-Whisky (optional)
- → 500 ml milde Gemüsebrühe
- → 2 EL getrocknete Tomaten, fein gewürfelt
- → 100 g grüne Paprikaschote, klein gewürfelt
- → 200 g Kichererbsen, gekocht
- → 250 g Tomaten, gewürfelt, frisch oder aus der Dose
- → 100 g Karotte, fein geraspelt
- → 15 g getrocknete Shiitakepilze, fein gehackt
- → 2 EL weißes Tahini (Sesammus)
- → 120 ml Espresso
- → 4 TL getrockneter Oregano
- → 15 g vegane Zartbitterschokolade mit 70 % Kakaoanteil, geraspelt
- → 2 TL natürliches Salz
- → Salz und Pfeffer zum Abschmecken

FÜR DAS TOPPING:

- → 1 Dinkelbaguette
- → 2 Knoblauchzehen, abgezogen und halbiert
- → 5 EL Olivenöl
- → 50 g Kimchi, in Streifen geschnitten, alternativ: schneller pflanzlicher Kimchi-Ersatz (siehe S. 23)
- → 6 EL vegane saure Sahne von Soyananda®; alternativ: Sojajoghurt
- → ½ Bund Koriandergrün, fein gehackt

FÜR 3–4 PERSONEN
ZUBEREITUNGSZEIT: 35 MINUTEN

Einen schweren Topf erhitzen und Zwiebel- sowie Knoblauchwürfel, Kimchi-Hack und Kartoffeln darin mit Olivenöl goldgelb rösten. Kreuzkümmel und beide Paprikapulver dazugeben und 20 Sekunden mitrösten. Mit Whisky ablöschen und verkochen lassen. Einen Schuss Brühe angießen und Röstaromen vom Topfboden lösen. Getrocknete Tomaten, Paprika, Kichererbsen, Tomatenwürfel, Karottenraspel, Shiitakebrösel und restliche Brühe dazugeben. Ohne Deckel 30 Minuten sanft köcheln lassen.

Tahini, Espresso, Oregano und Zartbitterschokolade dazugeben und nochmals 5 Minuten sanft köcheln lassen. Mit dem Kartoffelstampfer einen Teil des Topfinhalts sanft zerdrücken, bis alles etwas gebunden hat. Zum Schluss noch einmal mit Salz, Pfeffer und Rauchpaprika sowie nach Belieben mit Ahornsirup abschmecken. Das Abschmecken ist hier besonders wichtig, da jedes Kimchi etwas anders schmeckt.

Für das Topping das Baguette aufschneiden und die aufgeschnittenen Seiten im Ofen mit Grillfunktion knusprig braun rösten. Mit Knoblauch einreiben und mit Olivenöl beträufeln. Das Chili in Schalen verteilen und mit Kimchi-Streifen, saurer Sahne und Koriander garniert servieren. Das Knoblauchbaguette dazu reichen.

LINSENEINTOPF
MIT SPÄTZLE & PETERSILIENSAHNE

Für den Linseneintopf einen großen, schweren Topf stark erhitzen und die Zwiebeln darin mit dem Olivenöl hellbraun rösten. Steinpilze, Paprikapulver, Kümmel und Lorbeer dazugeben und 1 Minute mitrösten. Die Linsen dazugeben und 30 Sekunden mitrösten, anschließend mit der heißen Brühe ablöschen. Röstaromen lösen und zugedeckt auf sehr niedriger Stufe 30 Minuten köcheln lassen. Das restliche Gemüse dazugeben und zugedeckt 1 Stunde auf niedrigster Stufe sanft weiterköcheln lassen.

In der Zwischenzeit für die Spätzle Tofu mit 400 Milliliter Wasser, Salz und Bratöl im Mixer zu einer glatten Masse pürieren. Beide Mehlsorten und Maisstärke in einer Schüssel mischen und die Tofumasse dazugießen. Die Masse mit dem Kochlöffel so lange schlagen, bis ein leicht klebriger, sehr zäh fließender Teig entstanden ist. 10 Minuten ruhen lassen.

Währenddessen Wasser in einem großen Topf zum Kochen bringen. Kräftig salzen und mit der Spätzle- oder Knöpflereibe den Teig portionsweise ins Wasser reiben. Sobald die Spätzle an der Oberfläche schwimmen und aufwallen, mit der Schaumkelle herausheben und in Eiswasser abschrecken.

Für die Petersiliensahne Petersilie, Knoblauch, Misopaste und Cashewmus mit 100 Milliliter Wasser im Mixer zu einer glatten, leicht schaumigen grünen Sahne mixen und mit Salz, Pfeffer und Essig abschmecken.

Zum Schluss die Petersilie zum Linseneintopf geben und diesen mit Essig, Salz und Pfeffer abschmecken. Mit Petersiliensahne beträufeln, mit den Spätzle servieren und genießen.

TIPP: Die Spätzle kann man auch als glutenfreie Variante zubereiten. Dafür 225 Gramm Buchweizenmehl, 1 Teelöffel Xanthan (natürlich vorkommendes Polysaccharid) und 1 Teelöffel Salz gut mischen und sieben. 80 Milliliter Soja-Pflanzendrink und 150 Milliliter Wasser dazugeben und zu einem geschmeidigen Teig schlagen. Dann wie oben beschrieben weiterverfahren.

FÜR DEN LINSENEINTOPF:

- → 2 mittelgroße Zwiebeln, abgezogen und fein gewürfelt
- → 6 EL Olivenöl
- → 10 g getrocknete Steinpilze, zu Pulver gemahlen
- → ½ TL geräuchertes Paprikapulver
- → 1 TL Kümmelsamen, angemörsert
- → 2 Lorbeerblätter
- → 400 g grüne oder braune Linsen, gewaschen
- → 1 l Gemüsebrühe, erhitzt
- → 3 Selleriestangen, fein gewürfelt, 160 g
- → 400 g festkochende Kartoffeln, geschält und in 1 cm große Würfel geschnitten
- → 200 g Karotten, in 1 cm große Würfel geschnitten
- → 1 große Stange Lauch, längs halbiert und in 1 cm große Stücke geschnitten, 400 g
- → 6 EL Petersilie, fein geschnitten
- → 4 EL weißer Balsamicoessig
- → 4 TL natürliches Salz
- → schwarzer Pfeffer, frisch gemahlen

FÜR DIE SPÄTZLE:

- → 100 g weißer Tofu
- → 1 ½ TL Salz
- → 3 EL desodoriertes/neutrales Bratöl
- → 300 g Dinkel-Griessler, griffiges Mehl oder Spätzlemehl (alternativ 200 g Mehl + 100 g Hartweizengries mischen)
- → 50 g Maismehl
- → 20 g Maisstärke

FÜR DIE PETERSILIENSAHNE:

- → ½ Bund Petersilie, fein geschnitten
- → 1 kleine Knoblauchzehe, abgezogen
- → 1 EL helle Misopaste
- → 60 g helles Cashewmus
- → natürliches Salz und schwarzer Pfeffer, frisch gemahlen, zum Abschmecken
- → 1 TL weißer Balsamicoessig

FÜR 3–4 PERSONEN
ARBEITSZEIT: 1,5 STUNDEN

POTSTICKERS
MIT KOKOS-RÖST-BRÜHE

FÜR DIE BRÜHE:

→ 1 EL natives Kokosöl
→ 1 Dose Bio-Kokosmilch
→ 100 g Basis-Würzpaste (siehe S. 23)
→ 2 Zitronengrasstangen, längs halbiert
→ 1 Anisstern
→ 1 TL Ahornsirup
→ 1-2 EL Limettensaft
→ 4 große Scheiben Ingwer, geschält
→ Sojasoße (Tamari) zum Abschmecken

FÜR DEN TEIG:

→ 180 g Dinkelmehl Type 630
→ 45 g Tapiokastärke
→ ½ TL Salz
→ 2 EL Sesamöl

FÜR DIE FÜLLUNG:

→ 150 g Kimchi oder Kimchi-Ersatz (siehe S. 22f.), gehackt
→ 150 g Austernpilze, fein gehackt
→ 1 EL Sesam
→ 1 EL Bio-Sojasoße
→ 1 TL Ahornsirup
→ 100 g Kichererbsen, gekocht und mit der Gabel zerdrückt
→ 2 Medjoul-Datteln, entkernt und zerdrückt
→ 4 EL Koriandergrün, fein geschnitten

FÜR DAS TOPPING:

→ 4 EL Frühlingszwiebeln, fein geschnitten
→ 1 kleine Karotte, in sehr feine Julienne geschnitten
→ 1 kleine rote Paprikaschote, in sehr feine Julienne geschnitten
→ 4 EL Kokoschips, geröstet

AUSSERDEM:

→ Mehl für die Arbeitsfläche
→ 2 EL geröstetes Sesamöl

FÜR 3–4 PERSONEN
ALS VORSPEISE
ZUBEREITUNGSZEIT: 1 STUNDE

Für die Brühe 1 Liter kaltes Wasser filtern. Einen schweren Topf stark erhitzen. Kokosöl, das feste Kokosfett aus der Kokosmilch-Dose und die Hälfte der Paste dazugeben und 2 bis 4 Minuten kräftig anrösten, bis alles dunkelbraun ist. Mit dem Wasser ablöschen, Röstaromen vom Topfboden lösen. Restliche Würzpaste dazugeben, kurz aufkochen, restliche Zutaten inklusive Kokosmilch dazugeben und alles 30 Minuten sanft köcheln lassen. Mit Tamari abschmecken, durch ein Sieb abseihen und ziehen lassen.

Für den Teig 110 Milliliter Wasser erhitzen. Mehl, Tapioka und Salz mischen, Öl und heißes Wasser zugeben. Zuerst mit einer Gabel vermischen und anschließend, wenn der Teig etwas abgekühlt ist, 5 bis 10 Minuten mit den Händen durchkneten, bis ein geschmeidiger, nicht klebriger Teig entsteht. Falls der Teig doch klebrig ist, etwas mehr Tapioka einarbeiten. Die Teigkugel etwa 10-mal mit Schwung in die Schüssel werfen. Durch den wuchtigen Aufprall entsteht ein besonders homogener Teig. Anschließend in Folie gewickelt 20 Minuten in den Kühlschrank legen.

Für die Füllung einen kleinen Topf erhitzen und Kimchi, Pilze sowie Sesam leicht braun rösten. Mit Sojasoße und Ahornsirup würzen, Kichererbsen und Datteln dazugeben, gut durchmischen, kurz anrösten. Vom Herd nehmen, Koriander untermischen, auf einem Teller ausbreiten und für 10 Minuten zum Auskühlen in den Kühlschrank stellen.

Den Teig auf der bemehlten Arbeitsfläche 1 bis 2 Millimeter dünn ausrollen. Kreise mit 6 Zentimeter Durchmesser ausstechen. Auf jeden Kreis 1 Teelöffel Füllung setzen. Die Ränder leicht befeuchten, den Teigkreis zusammenklappen und die Ränder fest andrücken. Die Teigtaschen mit dem äußeren Rand nach oben aufstellen, sodass die Füllung unten ist. Den Rand leicht drehen und nach Belieben verzieren. Die Teigtaschen auf einem leicht bemehlten Brett sammeln.

Einen schweren Topf erhitzen, das Sesamöl hineingeben und die Potstickers mit der Füllung nach unten hineinsetzen. 2 Minuten anbraten. Nicht wenden. Die heiße Brühe (1,2 Liter) angießen und zudecken. Die Brühe soll nur leicht sieden, sie darf auf keinen Fall sprudelnd kochen. 4 bis 5 Minuten ziehen lassen und dann auf Tellern anrichten. Mit dem Topping garniert servieren.

TIPPS: Man kann die Brühe auch ohne Würzpaste zubereiten. Dafür 1 Liter Gemüsebrühe mit 400 Milliliter Kokosmilch, Zitronengras, Ingwer, Limettensaft, Ahornsirup und Anis 30 Minuten sanft köcheln lassen.

Die Brühe, in der die Potsticker gegart wurden, könnt ihr einfach abkühlen lassen, einfrieren und für das nächste Mal verwenden. So spart ihr euch Zeit und Geld!

SMOKY ONE-POT
VEGGIE-LINGUINE

Einen Topf mit 5 Liter Fassungsvermögen stark erhitzen. Die Zwiebeln, Knoblauch, Sellerie, Champignons, Karotten, Rosmarin sowie Steinpilze mit dem Öl 3 Minuten scharf anrösten, bis deutlich Röstfarbe zu sehen ist.

Das Tomatenmark dazugeben und ebenfalls anrösten, anschließend mit Wein ablöschen. Wein verkochen lassen, nochmals anrösten, Paprikapulver und Salz dazugeben, kurz mitrösten. Die Brühe angießen und aufkochen. Linguine und Zucchiniwürfel dazugeben und alles zugedeckt 12 Minuten auf niedriger Stufe sanft köcheln lassen, bis die Nudeln al dente sind.

Mandelmus, Pfeffer, Zitronenschale, Zitronensaft und Petersilie einrühren und mit Salz, Paprikapulver sowie Pfeffer abschmecken. Auf Teller verteilen und mit den Semmelbröseln bestreut servieren.

→ 1 große Zwiebel, abgezogen und sehr fein gewürfelt
→ 1 Knoblauchzehe, abgezogen und fein gewürfelt
→ 1 große Selleriestange, sehr fein gewürfelt, 70 g
→ 75 g Champignons, in ca. 1 cm große Stücke gerissen
→ 130 g Karotten, in 4 cm lange und 0,5 cm dicke Streifen geschnitten
→ 1 TL frischer Rosmarin, gehackt
→ 5 g getrocknete Steinpilze
→ 3 EL Olivenöl
→ 1 EL Tomatenmark
→ 100 ml kräftiger, trockener, veganer Rotwein
→ ½ TL geräuchertes Paprikapulver
→ 3 TL Meersalz, 8 g
→ 750 ml milde Gemüsebrühe
→ 225 g Dinkel- oder Weizenlinguine, mittig durchgebrochen
→ 200 g Zucchini, in 1 cm große Würfel geschnitten
→ 1 EL weißes Mandelmus, 25 g
→ ½ TL schwarzer Pfeffer, frisch gemahlen
→ ½ TL abgeriebene Schale von 1 Bio-Zitrone
→ 1 TL Zitronensaft
→ 1 EL frische Petersilie, gehackt
→ 4 EL Semmelbrösel, in etwas Öl angeröstet

FÜR 2–3 PERSONEN
ZUBEREITUNGSZEIT: 25 MINUTEN

ROTER SLAW
MIT CHANA MASALA, REISNUDELN & SESAMKOHLRABI

FÜR DIE TOMATEN-MASALA:

- → 3 EL Olivenöl
- → je 1 EL Ingwer, Knoblauch und Chilischote, geschält bzw. abgezogen bzw. entkernt und sehr fein gehackt
- → 3 EL getrocknete Mango, fein gehackt
- → 360 g Kichererbsen, gekocht
- → 3 TL Garam Masala
- → 100 ml Orangensaft
- → 225 g stückige Tomaten aus der Dose
- → 120 g Kokosmilch
- → 2 TL mildes Paprikapulver
- → 2 TL natürliches Salz
- → ½ TL schwarzer Pfeffer, frisch gemahlen

FÜR DIE REISNUDELN:

- → 100 g Rote Bete, geschält und in 1 cm große Würfel geschnitten
- → 400 g schmale Reisnudeln (aus dem Asialaden)
- → 1 EL geröstetes Sesamöl

FÜR DEN COLESLAW:

- → 1 EL weißes Cashewmus
- → 2 EL weißer Balsamicoessig
- → 3 EL Sesam- oder Walnussöl
- → 3 cm Ingwer, geschält und fein gerieben
- → 1 EL fein abgeriebene Schale von 1 Bio-Zitrone
- → 1 TL natürliches Salz
- → 300 g Rotkohl, hauchdünn gehobelt

FÜR DAS TOPPING:

- → 3 EL geröstete und gesalzene Erdnüsse, gehackt
- → 4 EL Koriander, gehackt
- → 2 EL Rettichsprossen

FÜR 3–4 PERSONEN
ZUBEREITUNGSZEIT: 35 MINUTEN

Für die Tomaten-Masala einen Topf erhitzen und Ingwer, Knoblauch sowie Chili mit dem Öl darin 1 Minute anrösten. Mango, Kichererbsen und Garam Masala dazugeben und 20 Sekunden mitrösten. Mit Orangensaft ablöschen und Tomaten, Kokosmilch, Paprikapulver sowie Salz dazugeben. Gut durchmischen. Etwa 15 Minuten ohne Deckel köcheln lassen, bis eine leicht dicke Konsistenz entsteht. Mit Pfeffer würzen und mit Salz und Garam Masala abschmecken.

Für die Reisnudeln 2 Liter Wasser mit der Roten Bete aufkochen, bis sich das Wasser färbt. Nun die Nudeln kurz darin aufkochen, vom Herd nehmen und je nach Nudelsorte in 3 bis 6 Minuten gar ziehen lassen. Abgießen und in dem Öl marinieren.

Für den Coleslaw Cashewmus, Essig, Öl, Ingwer, Zitronenabrieb und Salz mischen und zum Rotkohl geben. Gut durchkneten und ziehen lassen. Vor dem Servieren nochmals mit Süße und Säure abschmecken.

Zum Anrichten zuerst die Nudeln auf einen Teller verteilen, darauf die Tomaten-Masala geben, Coleslaw an die Ränder setzen und mit dem Topping garnieren.

TIPP: Die Nudeln immer erst kurz vor dem Essen zubereiten, da sie sonst zusammenkleben.

UMAMI
UDONNUDELSUPPE

Einen Topf mit 5 Liter Fassungsvermögen stark erhitzen. Das Kokosöl hineingeben und Sellerie, Würzpaste, Karotten, Zwiebel, Knoblauch, Chili, Seitlinge, Steinpilze sowie Kreuzkümmel 5 Minuten darin braun anrösten. In der Zwischenzeit 2 Liter Wasser aufkochen. Tomaten und Paprikapulver zur Gemüse-Pilz-Mischung geben und 1 Minute mitrösten. Mit Essig und kochendem Wasser ablöschen, Röstaromen lösen, Pfeffer und Kombualge dazugeben. Alles 5 Minuten stark kochen lassen.

Die Udonnudeln dazugeben und weitere 5 Minuten sanft köcheln lassen. Anschließend die Hälfte des Chinakohls dazugeben und nochmals 5 Minuten sanft köcheln lassen, bis die Udonnudeln gar sind, aber noch leicht Biss haben. Restlichen Chinakohl dazugeben und mit Ahornsirup, Sojasoße, Essig und Pfeffer abschmecken. In Schalen anrichten und mit Koriander sowie nach Belieben mit schwarzem Sesam garniert servieren.

- → 3 EL natives Kokosöl
- → 1 Selleriestange, sehr fein gewürfelt, 60 g
- → 2 EL Basis-Würzpaste (siehe S. 23)
- → 200 g Karotten, fein gewürfelt
- → 1 große Zwiebel, abgezogen und fein gewürfelt, 160 g
- → 2 Knoblauchzehen, abgezogen und fein gewürfelt
- → 5 cm mittelscharfe rote oder grüne Chilischote, entkernt und fein gehackt
- → 250 g Austern- oder Kräuterseitlinge, in 2 cm große Stücke gebrochen
- → 2 EL getrocknete Steinpilze, zerbröselt
- → 1 TL gemahlener Kreuzkümmel
- → 200 g Kirschtomaten, geviertelt
- → ½–1 TL geräuchertes Paprikapulver
- → 2 EL heller Essig
- → ½ TL schwarzer Pfeffer, frisch gemahlen
- → 3 cm Kombualge (optional)
- → 200 g Udonnudeln (aus dem Asialaden)
- → 240 g Chinakohl, in feine Streifen geschnitten
- → 1 TL Ahornsirup
- → Sojasoße zum Abschmecken
- → 4 EL Koriandergrün, geschnitten
- → etwas schwarzer Sesam (optional)

FÜR 3–4 PERSONEN
ZUBEREITUNGSZEIT: 30 MINUTEN

PLANT-BASED
PAELLA

- → 8 EL Olivenöl
- → 1 großer Portobellopilz, in 1 cm breite Streifen geschnitten, alternativ 3 bis 4 braune Champignons
- → je 1 gute Prise geräuchertes Paprikapulver, schwarzer Pfeffer, frisch gemahlen, und Salz
- → 1 große Zwiebel, abgezogen und fein gewürfelt
- → 3 Knoblauchzehen, abgezogen und gewürfelt
- → 5 getrocknete Shiitakepilze, fein gehackt
- → 200 g Paellareis
- → 1 kleine grüne Paprikaschote, in 2 cm große Würfel geschnitten
- → 1 kleine rote Paprikaschote, in 2 cm große Würfel geschnitten
- → 200 ml trockener, veganer Weißwein
- → 500–750 ml Röstgemüsebrühe (siehe Tipps)
- → 2 Selleriestangen, sehr fein gewürfelt
- → 150 g Karotte, in 2 cm große Würfel geschnitten
- → 50 g Kirschtomaten, gewürfelt

FÜR DIE GEWÜRZMISCHUNG:

- → 2 TL edelsüßes Paprikapulver
- → ½ TL rosenscharfes Paprikapulver
- → ½ TL Safranfäden, 0,1 g, 1 Packung
- → 1 EL Würz-Hefeflocken
- → 1 Prise geräuchertes Paprikapulver
- → 1 TL natürliches Salz
- → ½ TL schwarzer Pfeffer, frisch gemahlen
- → 1 TL Knoblauchpulver
- → ½ TL getrockneter Thymian

FÜR DAS TOPPING:

- → 4 EL feine Paprikawürfel
- → 1 TL abgeriebene Schale von 1 Bio-Zitrone
- → 2 EL Pinienkerne, geröstet
- → 1 EL Zitronensaft
- → 5 EL Petersilie, fein geschnitten
- → 1 TL Ahornsirup

AUSSERDEM:

- → 2 EL Olivenöl
- → 1 Knoblauchzehe, abgezogen und durch die Presse gedrückt
- → ½ TL Salz
- → 1 gute Prise geräuchertes Paprikapulver
- → 2 Maiskolben

FÜR 3–4 PERSONEN
ZUBEREITUNGSZEIT: 40 MINUTEN

Eine große, schwere Pfanne mit hohem Rand erhitzen. Die Portobellostreifen hineingeben und diese mit etwas Öl darin etwa 5 Minuten knusprig braun braten. Mit Paprikapulver, Pfeffer und Salz würzen. Durchschwenken und die Pilze auf einen Teller geben. Die Zutaten für die Gewürzmischung in eine Schale geben.

Pfanne wieder auf den Herd stellen und das restliche Olivenöl hineingeben. Zwiebel- und Knoblauchwürfel sowie Shiitakepilze darin hellbraun rösten. Reis und Paprikawürfel dazugeben und 1 Minute kräftig mitrösten. Die Gewürzmischung dazugeben und 20 Sekunden mitrösten. Mit Wein ablöschen und diesen komplett verkochen lassen. 500 Milliliter heiße Brühe angießen. Röstaromen lösen, gut durchmischen, restliches Gemüse dazugeben und für 20 Minuten, am besten ohne zu rühren, zugedeckt garen, bis der Reis die ganze Flüssigkeit aufgesogen hat. Je nach Pfanne und Reis kann es auch 25 Minuten dauern. Zum Schluss prüfen, ob der Reis gar ist, und bei Bedarf etwas mehr Brühe angießen. Der Reis muss die Brühe komplett aufgesogen haben und luftig-locker sein.

Während die Paella köchelt, eine weitere Pfanne erhitzen und Olivenöl, Knoblauch, Salz sowie Paprikapulver hineingeben. Kurz durchschwenken und die Maiskolben bei mittlerer Hitze 10 Minuten braun rösten. Die Maiskolben anschließend in 2 Zentimeter dicke Scheiben schneiden und warm halten. Die Zutaten für das Topping mischen und ziehen lassen.

Die Portobellostreifen unter die Paella heben und mit Salz und Pfeffer abschmecken. Auf Teller verteilen, Maiskolbenscheiben und Topping darauf anrichten und genießen.

TIPPS: Je nach Sorte, Alter, Qualität und Kochtemperatur des Reises kann es deutliche Schwankungen hinsichtlich der benötigten Flüssigkeitsmenge geben. Als Faustregel gilt: 3-mal so viel Flüssigkeit wie Reis verwenden.

Für die Röstgemüsebrühe 1 Esslöffel der Basis-Würzpaste (siehe S. 23) mit 1 Teelöffel Kokosöl braun rösten und mit 1 Liter Wasser ablöschen. Röstaromen lösen und 10 Minuten einkochen. Nach Belieben mit Salz, Sojasoße und Pfeffer abschmecken.

EINTOPF
MIT ERDNUSS & SÜSSKARTOFFEL

Einen großen, schweren Topf stark erhitzen und den Seitan mit dem Öl darin knusprig braun braten. Mit Salz würzen und das Tomatenmark dazugeben. Alles gut durchmischen und kräftig anrösten, bis eine dunkelbraune Farbe entsteht. Mit ¼ der Brühe ablöschen, Röstaromen vom Topfboden lösen, Zwiebel und Knoblauch dazugeben und die Flüssigkeit verkochen lassen.

Die Zutaten für die Gewürzmischung in einem Schälchen verrühren und dazugeben. Alles nochmals kräftig anrösten. Mit dem Rest der Brühe ablöschen, Röstaromen lösen. Süßkartoffel- und Karottenwürfel, Zimtstange, Paprika, Sellerie, Rosinen und Erdnüsse dazugeben und 15 Minuten ohne Deckel kräftig kochen lassen.

Spinat und Bohnen dazugeben und weitere 5 Minuten sanft köcheln lassen. Erdnussmus, Ahornsirup und Sojasoße dazugeben und mit Salz und nach Belieben mit Orangensaft abschmecken.

TIPPS: Durch Zerdrücken der Süßkartoffel oder Bohnen kann man den Eintopf nach Belieben andicken. Dazu passen geröstetes Brot, Reis oder Quinoa und frisches Koriandergrün, Bärlauch oder Petersilie.

- → 3 EL geröstetes Sesamöl
- → 150 g mittelfester Seitan, in 2 cm große Würfel geschnitten
- → 1 TL Salz
- → 3 EL Tomatenmark
- → 1 l milde Gemüsebrühe
- → 1 rote Zwiebel, abgezogen und grob gewürfelt
- → 3 große Knoblauchzehen, abgezogen und in Scheiben geschnitten
- → 125 g Süßkartoffel, in 2 cm große Würfel geschnitten
- → 1 große Karotte, grob gewürfelt
- → 1 Ceylon-Zimtstange
- → ½ kleine grüne Paprikaschote, entkernt und gewürfelt
- → 1 Selleriestange, fein gewürfelt
- → 25 g Rosinen
- → 50 g geröstete und gesalzene Erdnüsse
- → 100 g Spinat oder Mangold
- → 150 g weiße Bohnen, gekocht
- → 1 EL Erdnussmus oder Tahini
- → 1 EL Ahornsirup
- → 1 EL Sojasoße (Tamari)
- → etwas Orangensaft (optional)

FÜR DIE GEWÜRZMISCHUNG:

- → 2 TL edelsüßes Paprikapulver
- → 1 TL rosenscharfes Paprikapulver
- → 1 TL gemahlene Kurkuma
- → 2 TL gemahlener Kreuzkümmel
- → ½ TL schwarzer Pfeffer, frisch gemahlen
- → 1 EL Ingwer, fein gewürfelt

FÜR 3–4 PERSONEN
ZUBEREITUNGSZEIT: 30 MINUTEN

GOLDEN-MILK-KOKOS-RISOTTO

MIT GEGRILLTER BANANE

- → 300 ml Kokosmilch (80 % Kokos, 20 % Wasser)
- → 3 EL Ahornsirup
- → 1/3 TL gemahlene Kurkuma
- → ½ TL Ingwer, geraspelt
- → 2 Kardamomkapseln, angedrückt
- → 1 gestrichener TL Meersalz
- → 200 g Risottoreis
- → 3–4 große, reife Bananen
- → 2 EL Kokosöl
- → 1 Zimtstange

FÜR DIE DEKO:

- → 3 EL Kokosraspel
- → Limettenviertel
- → etwas Schokolade (optional)

FÜR 2–3 PERSONEN
ZUBEREITUNGSZEIT: 30 MINUTEN

Kokosmilch mit 400 Milliliter Wasser, Ahornsirup, Kurkuma, Ingwer, Kardamom und Salz aufkochen. Risottoreis dazugeben und 15 Minuten bei sanfter Hitze köcheln lassen. Ab und zu umrühren. Vom Herd nehmen und zugedeckt weitere 5 Minuten ziehen lassen.

In der Zwischenzeit Bananen schälen und längs halbieren. Das Kokosöl in einer Pfanne erhitzen. Mit einer Reibe 1 gute Prise Zimt hineinreiben. Anschließend die Bananenhälften 1 bis 2 Minuten kräftig in dem Öl anbraten, bis Röstfarbe zu sehen ist. Warm halten.

Für die Deko Kokosraspel in einer kleinen Pfanne ohne Fett goldgelb anrösten. Den Risotto auf Teller verteilen und mit den Bananenhälften, Limettenvierteln sowie gerösteten Kokosraspeln garnieren. Das restliche Fett aus der Pfanne darüberträufeln. Nach Belieben noch Schokolade darüberraspeln.

TIPP: Zu diesem herrlich aromatischen Kokosrisotto passen auch frische Fruchtwürfel, etwa von Mango, Orange, Pfirsich, Passionsfrucht, Erdbeere, Kumquat oder Kirsche.

GEDÄMPFT

DIM SUM
MIT SHIITAKE-LINSEN-FÜLLUNG

FÜR DIE FÜLLUNG:

- → 100 g rote Linsen
- → 30 g getrocknete Shiitakepilze, fein geschnitten
- → 4 EL geröstetes Sesamöl
- → 1 Knoblauchzehe, abgezogen und fein gewürfelt
- → 4 Frühlingszwiebeln, in sehr feine Ringe geschnitten
- → 2 cm Ingwer, geschält und fein gewürfelt
- → 1 Selleriestange, in 3 mm große Würfel geschnitten
- → 1 TL weißer Balsamicoessig
- → 2 EL helle Misopaste oder Hefeflocken
- → 4 EL Sojasoße
- → Salz

FÜR DEN TEIG:

- → 30 ml Rote-Bete-Saft
- → 180 g Dinkelmehl Type 630
- → 45 g Tapiokastärke
- → ½ TL natürliches Salz
- → 2 EL geröstetes Sesamöl

FÜR DIE SOSSE:

- → 4 EL Ahornsirup
- → 1 kleine Knoblauchzehe, abgezogen und gerieben
- → 1 frische Thai-Chilischote, entkernt und fein geschnitten
- → 1 Frühlingszwiebel, in feine Ringe geschnitten
- → 3 EL Sojasoße
- → 2 EL Limettensaft
- → 2 EL Reisessig
- → 1 EL geröstetes Sesamöl
- → 1 TL Stärke

FÜR DIE DEKO:

- → etwas Koriander, fein geschnitten
- → 1 Frühlingszwiebel, in feine Röllchen geschnitten
- → etwas Sesam, angeröstet

AUSSERDEM:

- → Mehl für die Arbeitsfläche
- → Bambusdämpfkorb

FÜR 3–4 PERSONEN
ZUBEREITUNGSZEIT: 40 MINUTEN

Für die Füllung Linsen und Shiitakepilze 7 Minuten in Wasser kochen. Abgießen, dabei 100 Milliliter Kochwasser auffangen. Die Linsen-Pilz-Mischung kalt abspülen. Eine Pfanne erhitzen, das Sesamöl hineingeben und Knoblauch, Frühlingszwiebeln, Ingwer sowie Sellerie scharf und braun darin rösten. Die Linsen-Pilz-Mischung dazugeben und so lange mitrösten, bis die restliche Flüssigkeit aus den Linsen verdampft ist. Vom Herd nehmen und die Hälfte der Masse mit Essig, Misopaste und Sojasoße im Mixer mixen, bis eine krümelige, aber klebrige Konsistenz erreicht ist. Diese Masse wiederum mit den Linsen in der Pfanne mischen und mit Salz sowie Sojasoße abschmecken. Auf einem Teller ausbreiten und in den Kühlschrank stellen.

Für den Teig Rote-Bete-Saft mit 80 Milliliter heißem Wasser verrühren und aufkochen. Dinkelmehl, Tapioka und Salz mischen. Rote-Bete-Wasser und Öl dazugießen und 5 Minuten gut durchkneten. Anschließend die Teigkugel 10-mal mit Schwung in die Schüssel werfen. Durch den wuchtigen Aufprall entsteht ein besonders homogener Teig. Zudecken und 15 Minuten auskühlen lassen.

Währenddessen die Zutaten für die Soße – außer der Stärke – mischen. Die Stärke mit dem aufgefangenen Kochwasser der Linsen und Shiitake mischen und kurz aufkochen; mit der Soße verrühren und ziehen lassen.

Den Teig auf der gründlich bemehlten Arbeitsfläche etwa 2 Millimeter dünn ausrollen. Auch das Nudelholz sollte gut bemehlt sein, damit nichts kleben bleibt. Kreise mit 6 Zentimeter Durchmesser ausstechen, 1 Teelöffel Füllung in die Mitte setzen, die Ränder der Kreise befeuchten und die Kreise wie Ravioli zusammenklappen. Die Ränder gut zusammendrücken. Nach Belieben den Rand mit einer Gabel verzieren.

Einen Dämpfeinsatz aus Bambus mit Backpapier auslegen und die Dim Sum etwa 8 Minuten darin dämpfen. Anschließend in die Soße tunken, auf Teller setzen und nach Belieben mit Koriandergrün, Frühlingszwiebeln und geröstetem Sesam garnieren. Die restliche Soße in einem schönen Schälchen dazu servieren.

TIPPS: Hier gibt es natürlich eine Vielzahl anderer Falttechniken, die jedoch schwer zu beschreiben sind. Meine Empfehlung: Einfach mit der Suchmaschine deiner Wahl im Internet nach Falttechniken suchen.

Die Dim Sum kann man auch frittieren, statt sie zu dämpfen, das schmeckt auch super. Knusprig frittierte Dim Sum heißen Wan Tan. Aber hierfür muss der Teig hauchdünn sein!

FÜR DIE GEWÜRZMISCHUNG:

→ 8 g geräuchertes Paprikapulver
→ 1 TL gemahlener Koriander
→ 1 TL gemahlener Fenchel
→ 1 TL Knoblauchpulver
→ 3 TL natürliches Salz
→ 1 TL schwarzer Pfeffer, frisch gemahlen
→ 1 TL rosenscharfes Paprikapulver
→ 5 EL Würz-Hefeflocken
→ 2 EL getrocknete Shiitakepilze, gemahlen
→ 2 EL helle Misopaste
→ 4 EL Sojasoße

FÜR STEAKS & AUFSCHNITT:

→ 4 EL Bratöl
→ 1 TL Kokosöl
→ 100 g Lupinen- oder Sojatempeh oder Räuchertofu, mit der Gabel zu Hack zerdrückt
→ 115 g Zwiebeln, abgezogen und fein gewürfelt
→ 200 ml milde Gemüsebrühe
→ 75 g rote Linsen
→ 200 g Glutenpulver (aus dem Biomarkt)
→ 20 g Tapiokastärke
→ Öl zum Anbraten, Brühe zum Dämpfen (Variante 1)

FÜR 3 PERSONEN
ZUBEREITUNGSZEIT: 1 STUNDE

SEITAN-TEMPEH-STEAKS
& -AUFSCHNITT

Die Zutaten für die Gewürzmischung in einer Schale verrühren. Eine schwere Pfanne erhitzen, Brat- und Kokosöl hineingeben und das Tempehhack mit den Zwiebeln etwa 8 Minuten darin braun und knusprig rösten. Die Gewürzmischung dazugeben und 20 Sekunden mitrösten. Mit 50 Milliliter der Brühe ablöschen, Röstaromen lösen.

Die Linsen in ausreichend Wasser in etwa 10 Minuten sehr weich kochen. Abgießen und mit der restlichen Brühe und der Hälfte der Tempehmasse glatt pürieren. Glutenpulver und Tapioka in einer Schüssel mischen. Pürierte Masse und restliche Tempehmischung dazugeben und alles für 3 Minuten kräftig durchkneten.

VARIANTE 1: 4 große, feste Steaks formen und diese in einer sehr großen und tiefen Pfanne mit etwas Öl von beiden Seiten 5 Minuten anbraten. So viel Brühe angießen, dass die Steaks zur Hälfte bedeckt sind. Die Steaks anschließend zugedeckt etwa 40 Minuten kochen/dämpfen, dabei gelegentlich Brühe nachgießen und die Steaks wenden. Danach die Steaks einfrieren, auf dem Grill mit BBQ-Soße knusprig grillen, in der Pfanne nochmals knusprig braten, in Schnetzel schneiden und anbraten oder oder oder …

VARIANTE 2: Die Masse in 5 Portionen zu dicken Würsten rollen und diese in Klarsichtfolie wickeln. Dabei die Enden aufdrehen und zuknoten, sodass kleine, dicke Wurstbonbonpäckchen entstehen. Die Würste in einem Topf mit Dämpfeinsatz etwa 40 Minuten dämpfen. Auskühlen lassen und entweder als Aufschnitt oder in Stücken oder als Hack gebraten weiterverwenden.

TIPP: Auch hier geht es nicht darum, tierische Lebensmittel »nachzubasteln«, sondern um eine würzige und deftige Alternative zu Aufschnitt, Steak oder Geschnetzeltem. Und die pflanzliche Variante hat auch in puncto Nährstoffe einiges zu bieten!

KARTOFFEL-ROULADE
MIT PAPRIKACREMESOSSE

Für den Teig die Kartoffelwürfel in gut gesalzenem Wasser 20 Minuten weich kochen. In der Zwischenzeit für die Füllung eine Pfanne erhitzen, das Öl hineingeben und Lauch, Salz sowie Rosmarin darin 10 Minuten anrösten, die ersten 3 bis 4 Minuten bei starker Hitze, anschließend bei mittlerer Hitze. Zum Schluss Paprikapulver und Kichererbsenmehl kurz mitrösten, mit Essig ablöschen, Röstaromen vom Pfannenboden lösen und vom Herd nehmen. Wenn zu viel Farbe am Boden entsteht, zwischendurch mit einem kleinen Schuss Wasser ablöschen. Die Kartoffeln abgießen und diese 5 Minuten ausdampfen lassen. Dann durch die Presse drücken und locker mit den restlichen Zutaten für den Teig mischen. Auf einem Teller ausbreiten und im Kühlschrank etwas abkühlen lassen. Die Zucchini mit dem Sparschäler von 4 Seiten her in etwa 15 Streifen hobeln.

Den Teig auf einer nicht klebenden Unterlage mit etwas Stärke zu einem 0,5 Zentimeter dicken Rechteck ausrollen, die breite Seite zeigt zum Körper. Die Zucchinistreifen leicht überlappend auf den Teig legen, dabei links, rechts und hinten etwa 3 Zentimeter Rand frei lassen. Die Füllung auf den Zucchinistreifen verteilen und das Ganze mithilfe der Unterlage von vorn nach hinten zu einer festen Roulade aufrollen. Dabei die Seiten etwas nach innen falten und zusammendrücken. Die Roulade auf ein großes Stück Klarsichtfolie setzen und darin sehr fest wie ein Bonbon aufrollen. Die Enden eindrehen und verknoten. Das Bonbon nun in Alufolie wickeln; auch hier die Enden eindrehen und zusammendrücken. Wasser in einem großen Topf erhitzen und das Bonbon darin zugedeckt 45 Minuten schwimmend dämpfen. Das Wasser sollte nur sieden, nicht sprudelnd kochen.

Währenddessen für die Soße eine Pfanne erhitzen, das Öl hineingeben und Paprika, Zwiebeln sowie Thymian darin kräftig anrösten, bis deutlich Röstfarbe zu sehen ist. Mit Weißwein ablöschen, diesen komplett verkochen lassen, alles nochmals kurz anrösten und dann mit Brühe ablöschen. Cashewbruch, Datteln, Kapern und Salz dazugeben und 15 Minuten sanft köcheln lassen. Im Mixer cremig mixen, zurück in den Topf geben und auf die gewünschte Konsistenz einköcheln lassen. Mit Salz, Pfeffer und Essig abschmecken.

Die Roulade für 10 Minuten schwimmend in ein kaltes Wasserbad legen. Alufolie entfernen. Mit der Klarsichtfolie in 3 Zentimeter dicke Scheiben schneiden, Folie entfernen. Die Scheiben auf Tellern anrichten und mit Soße beträufelt sowie nach Belieben mit frischen Kräutern garniert servieren.

TIPP: Dazu passt hervorragend ein frischer Salat. Ich serviere auch gern im Ofen geröstete Fenchelscheiben dazu: Einfach kräftig würzen und gut einölen, bei 200 °C 10 Minuten braun rösten, nach Belieben mit 1 Schuss Weißwein oder Orangensaft ablöschen und nochmals 5 Minuten schmoren.

FÜR DEN TEIG:

- → 400 g vorwiegend festkochende Kartoffeln, geschält und in 2 cm große Würfel geschnitten
- → Salz für die Kartoffeln
- → 25 g Maisstärke
- → 25 g Kichererbsenmehl
- → 2 TL Salz
- → ½ TL schwarzer Pfeffer, frisch gemahlen
- → 2 EL neutrales Öl
- → Stärke zum Ausrollen

FÜR DIE FÜLLUNG:

- → 2 EL mildes Olivenöl
- → 300 g Lauch, mit Grün, in 0,5 cm große Würfel geschnitten
- → 1 TL Salz
- → 1 TL Rosmarinnadeln, fein gehackt
- → ½ TL geräuchertes Paprikapulver
- → 2 EL Kichererbsenmehl
- → 1 EL weißer Essig
- → 1 kleine Zucchini

FÜR DIE PAPRIKACREMESOSSE:

- → 6 EL Olivenöl
- → 2 rote Paprikaschoten, entkernt und gewürfelt
- → 2 kleine Zwiebeln, abgezogen und fein gewürfelt
- → 1 TL Thymianblätter
- → 200 ml trockener, veganer Weißwein
- → 800 ml kräftige Gemüsebrühe
- → 100 g Cashewbruch
- → 2 kleine Datteln
- → 2 TL Salzkapern
- → 2 TL Salz
- → etwas schwarzer Pfeffer, frisch gemahlen
- → etwas weißer Essig

FÜR 3–4 PERSONEN
ARBEITSZEIT: CA. 50 MINUTEN
KOCHZEIT: 45 MINUTEN

DAMPFPÄCKCHEN
ORIENTALISCHER ART

FÜR DIE GEWÜRZMISCHUNG:

→ 1 EL edelsüßes Paprikapulver
→ 1 Prise Zimtpulver
→ 1 TL rosenscharfes Paprikapulver
→ 1 Bio-Zitronenscheibe, 0,5 cm dick und mit Schale fein gewürfelt
→ 2 gestrichene TL natürliches Salz
→ 1 gute Prise geräuchertes Paprikapulver
→ ½ TL gemahlener Kreuzkümmel
→ 1 TL gemahlener Koriander
→ 1 Knoblauchzehe, abgezogen und fein gewürfelt

FÜR DIE DAMPFPÄCKCHEN:

→ 5 Deglet-Datteln, entkernt und in kleine Stücke geschnitten
→ 15 Kirschtomaten
→ 1 große rote Zwiebel, abgezogen und in dünne Ringe geschnitten
→ 200 g Süßkartoffeln, in 3 cm große Würfel geschnitten
→ ½ Spitzkohl, in 5 cm große Stücke geschnitten
→ 100 g rote Paprikaschote, entkernt und in dünne Streifen geschnitten
→ 130 g Karotten, in 2 cm große Würfel geschnitten
→ 20 g braune Mandeln, geröstet
→ 100 g Kichererbsen, gekocht
→ 4 EL Olivenöl

FÜR DAS TOPPING:

→ 4 EL Petersilie, fein geschnitten
→ 4 EL Minze, fein geschnitten
→ 150 g ungesüßter Soja-, Lupinen- oder Kokosjoghurt
→ 2 TL abgeriebene Schale von 1 Bio-Orange
→ 1 EL weißes Mandelmus
→ 3 EL feine Apfelwürfel
→ 1 EL Zitronensaft
→ 1 EL Ahornsirup
→ 1 TL natürliches Salz
→ 1 gute Prise schwarzer Pfeffer, frisch gemahlen

FÜR 3–4 PERSONEN
ARBEITSZEIT: 15 MINUTEN
GARZEIT IM OFEN: 25 MINUTEN

Den Ofen auf 200 °C (Umluft) vorheizen. Die Zutaten für die Gewürzmischung gut vermengen und mit den Zutaten für die Dampfpäckchen mischen. Die Mischung in 3 bis 4 Portionen teilen und jeweils auf ein großes Stück Backpapier setzen. Die Ecken oben zusammenführen, sodass ein Päckchen entsteht, und eindrehen, um das Päckchen zu verschließen. Mit Küchengarn oder Tackernadeln fixieren. Die Päckchen auf ein Backblech setzen und 25 Minuten im Ofen dämpfen.

Währenddessen für das Topping alle Zutaten gut mischen und mit Salz, Zitronensaft sowie Pfeffer abschmecken.

Die Päckchen auf Tellern anrichten, aber verschlossen lassen. Erst am Tisch mit einer Schere aufschneiden. Vorsichtig: Es entweicht heißer Dampf! Das Backpapier etwas zur Seite einschlagen, jeweils ein wenig Topping auf die Päckchen geben und genießen.

TIPP: Ich esse gern knusprig gebackenes Knoblauchbrot dazu.

DAMPFPÄCKCHEN
ASIATISCHER ART

Den Ofen auf 160 °C (Umluft) vorheizen. Alle Zutaten der Gewürzmischung gut vermengen und mit den Zutaten für die Dampfpäckchen – bis auf den Reis und die Brühe – mischen. 4 große Stücke Backpapier nebeneinander ausbreiten. Den Reis mittig darauf verteilen; er muss unten liegen, damit er später die Flüssigkeit auffangen und gar werden kann. Jeweils 1 Stück Zitronengras und anschließend das Gemüse auf den Reis setzen. Mit 1 Teelöffel Kokosöl abschließen.

Die Ecken oben zusammennehmen und in jedes Päckchen etwa 100 Milliliter Brühe gießen. Die Ecken zusammendrücken, etwas eindrehen und mit Küchengarn oder Tackernadeln fest verschließen. Die Päckchen auf ein Backblech setzen und 40 Minuten im Ofen dämpfen.

Währenddessen für das Topping alle Zutaten gut mischen.

Die Päckchen auf Tellern anrichten, aber verschlossen lassen. Erst am Tisch mit einer Schere aufschneiden. Vorsichtig: Es entweicht heißer Dampf! Das Backpapier etwas zur Seite einschlagen, jeweils ein wenig Topping auf die Päckchen geben und genießen.

TIPPS: Zur Zeitplanung: Den Reis einweichen, während das Gemüse geschnitten und die Gewürzmischung zusammengestellt wird.

Alternativ zur Gewürzmischung oben kann man auch 2 Esslöffel gelbe Thai-Currypaste verwenden.

FÜR DIE GEWÜRZMISCHUNG:

- → 2 TL gemahlene Kurkuma
- → 1 TL Kreuzkümmelsamen
- → ½ TL gemahlener Kardamom
- → 2 gute Prisen gemahlener Anis
- → 2 gute Prisen Muskatnuss, frisch gerieben
- → 2 Knoblauchzehen, abgezogen und fein gewürfelt
- → 1 große, milde rote Chilischote, entkernt und fein gewürfelt
- → 4 Kaffirlimettenblätter, fein zerbröselt
- → 4 TL natürliches Salz
- → 4 EL Kokosflocken, geröstet
- → 2 Bio-Zitronenscheiben, 0,5 cm dick und mit Schale fein gewürfelt
- → 6 EL Koriandergrün, fein geschnitten
- → 4 EL getrocknete Mango, in 1 cm große Stücke geschnitten

FÜR DIE DAMPFPÄCKCHEN:

- → 200 g Karotten, in feine Streifen geschnitten
- → 15 Kirschtomaten
- → 100 g Champignons, halbiert
- → 4 große Frühlingszwiebeln, in feine Ringe geschnitten, 200 g
- → 200 g Brokkoli, in kleine Röschen geteilt
- → 200 g Süßkartoffeln, in 2 cm große Würfel geschnitten
- → 100 g Banane, geschält und in 2 cm große Stücke geschnitten
- → 200 g Basmatireis, mindestens 30 Minuten in warmem Wasser eingeweicht und abgegossen
- → 400 ml Gemüsebrühe

FÜR DAS TOPPING:

- → 4 EL geröstete und gesalzene Erdnüsse, fein gehackt
- → 4 EL Zitronenmelisse, fein gehackt
- → 4 EL Salatgurke, zu Julienne geschnitten
- → 4 EL Röstzwiebeln

AUSSERDEM:

- → 1 Zitronengrasstange, angequetscht und in 4 Stücke geschnitten
- → 4 TL natives Kokosöl

FÜR 4 PERSONEN
ARBEITSZEIT: 25 MINUTEN
GARZEIT IM OFEN: 35 MINUTEN

IDLI – BOHNEN-REIS-KÜCHLEIN

MIT PAPAYA-APFEL-CHUTNEY

FÜR DEN TEIG:

- → 200 g Basmatireis
- → 100 g Urd Dal (aus dem Asialaden)
- → 2 TL Salz
- → ½ TL Trockenhefe

FÜR DAS PAPAYA-APFEL-CHUTNEY:

- → 1 EL natives Kokosöl
- → 1 kleine Zwiebel, abgezogen und in dünne Ringe geschnitten
- → 1 TL Senfsamen
- → 1 EL frische grüne Chilischote, entkernt und sehr fein gewürfelt
- → ½ TL Kreuzkümmelsamen
- → ½ TL gemahlener Kardamom
- → 2 EL weißer Balsamicoessig
- → 1–2 EL Ahornsirup
- → 1 kleiner Apfel, geschält, entkernt und in 1 cm große Würfel geschnitten
- → 1 kleine, reife Papaya, geschält, entkernt und in 2 cm große Würfel geschnitten
- → 5 Kirschtomaten, fein gewürfelt
- → 1 TL Salz
- → schwarzer Pfeffer, frisch gemahlen
- → 3 EL Koriandergrün, fein gehackt (optional)

AUSSERDEM:

- → Idli-Förmchen oder 1 Muffinblech
- → Fett für die Form
- → Bambusdämpfkorb

FÜR 3–4 PERSONEN
ARBEITSZEIT: 30 MINUTEN
RUHEZEIT: 12 STUNDEN + 1–6 STUNDEN

Für den Teig Reis und Dal getrennt in je 1 Liter Wasser über Nacht einweichen. Am nächsten Tag abgießen. Anschließend zuerst den Reis im Mixer mit sehr wenig Wasser – Löffel für Löffel dazugeben – zu einer dickflüssigen Paste mixen, die noch ganz leicht krümelig ist. In eine Schüssel geben. Nun das eingeweichte Dal in den Mixer geben und ebenfalls mit sehr wenig Wasser zu einer glatten und dickflüssigen Paste mixen. Zum Reisteig geben. Salz und Hefe mit der Hand einarbeiten. Den Teig in einen Topf füllen, der mindestens doppelt so viel Volumen hat wie der Teig, da dieser sich erheblich vergrößern wird. Zugedeckt an einem etwa 22 °C warmen Ort – Heizung oder sonniges Fensterbrett – nochmals mindestens 1 bis maximal 6 Stunden gehen lassen.

Für das Chutney einen kleinen Topf erhitzen, das Öl hineingeben und Zwiebeln, Senfsamen, Chili, Kreuzkümmel sowie Kardamom 2 Minuten darin anrösten. Mit Essig und Ahornsirup ablöschen, kurz einkochen lassen und anschließend Apfel und Papaya dazugeben. 1 Minute erhitzen, Tomatenwürfel dazugeben und zugedeckt ohne Hitze ziehen lassen. Kurz vor dem Servieren mit Salz würzen, mit Pfeffer und Essig abschmecken und das Koriandergrün untermischen.

Idli-Förmchen oder die Vertiefungen eines Muffinblechs einfetten und zu ⅔ mit dem Teig füllen. Einen Topf mit Wasser und Dämpfkorb aufsetzen. Wenn das Wasser kocht und genug Dampf entstanden ist, die Küchlein in den Topf setzen und 12 Minuten dämpfen. Etwas auskühlen lassen, aus der Form lösen und warm mit dem Chutney servieren.

INFO: Idli ist kein Hauptgericht, klassisch wird es als Frühstück gegessen. Ich mag es gern mit Rahmspinat und Gemüsecurry als Beilage oder als Snack. Es sieht nach viel Arbeit aus, geht aber ganz schnell – es muss nur lange ruhen. Außerdem ist Idli durch den Reis und die Bohnen die perfekte Proteinkombi, die alle essenziellen Aminosäuren enthält. Die Technik, die bei Idli angewandt wird, gehört auch zum Bereich der fermentierten Lebensmittel und kommt ursprünglich aus den warmen Regionen Südindiens. Dort wird nicht mit Hefe gearbeitet, sondern nur mit wilder Fermentation und hohen Temperaturen. Die Hefe hilft in unserer Region etwas nach.

TIPP: Wenn die Idli kalt sind, werden sie deutlich fester und sind etwas gummiartig. Dann einfach nochmals 5 Minuten dämpfen.

HEFETASCHEN
MIT BBQ-GEMÜSE, SPINATSALAT & AIOLI

Für die Hefetaschen 120 Milliliter lauwarmes Wasser mit Ahornsirup und Hefe mischen und 10 Minuten ziehen lassen. Anschließend mit Mehl, Salz, Öl und Essig zu einem homogenen Teig kneten. Die Schüssel etwas einfetten, den Teig hineinlegen und zugedeckt an einem warmen Ort 1 Stunde gehen lassen.

Für die Aioli den Brokkoli in ½ Liter Wasser 10 Minuten weich kochen. Abgießen und mit den restlichen Zutaten im Mixer glatt pürieren. Mit Salz und Pfeffer abschmecken, kalt stellen. Für das BBQ-Gemüse Pilze und Brokkoli in eine Schüssel geben. Mit BBQ-Soße und Öl mischen und ziehen lassen. Für den Spinatsalat alle Zutaten vermengen und sanft durchmassieren. Ziehen lassen.

Den Teig auf einer großen, bemehlten Holzfläche sehr sanft durchkneten und mit dem Nudelholz etwa 4 Millimeter dünn ausrollen. Dabei immer wieder mit Mehl bestäuben. 15 Zentimeter große Kreise ausstechen und auf ein mit Backpapier ausgelegtes Backblech legen. Restlichen Teig kurz kneten und wieder dünn ausrollen. Erneut Kreise ausstechen. So weiterverfahren, bis der Teig aufgebraucht ist. Es sollten 8 Kreise entstehen.

Die Teigkreise mit Sesamöl bepinseln, die kleineren Backpapierzuschnitte auf eine Hälfte der Teiglinge legen und die Teiglinge mittig zusammenklappen, sodass die Zuschnitte genau dazwischenliegen. Das ist sehr wichtig, damit die Taschen beim Dämpfen nicht zusammenkleben und sich befüllen lassen. Die Taschen auf die größeren Backpapierzuschnitte setzen und mit 3 Zentimeter Abstand zueinander in den Dämpfkorb legen. Zugedeckt an einem warmen Ort 20 Minuten gehen lassen.

Den Dämpfkorb auf den passenden Topf setzen, den Topf 3 Zentimeter hoch mit Wasser füllen und dieses zum Kochen bringen. Die Taschen 15 Minuten dämpfen. Bei Bedarf heißes Wasser nachgießen. Wichtig: Der Deckel darf während des Dämpfens nicht geöffnet werden.

Währenddessen das BBQ-Gemüse auf einem mit Backpapier belegten Backblech bei 230 °C (Umluft/Obergrill) 10 Minuten im Ofen knusprig braun backen.

Die Teigtaschen nach dem Dämpfen 10 Minuten abkühlen lassen. Anschließend die Innenseiten mit Aioli bestreichen und mit Spinatsalat füllen. Das BBQ-Gemüse daraufsetzen und mit Kapuzinerkresse, Koriander sowie Radieschen garniert servieren.

FÜR DIE HEFETASCHEN:

- → 20 g Ahornsirup
- → 15 g frische Hefe
- → 250 g Weizenmehl Type 550 oder Dinkelmehl Type 630, fein gesiebt
- → 1 TL Salz
- → 1 TL geröstetes Sesamöl
- → 1 TL heller Essig

FÜR DIE AIOLI:

- → 200 g Brokkoli
- → 1 kleine Knoblauchzehe, abgezogen
- → 80 g mildes, natives Olivenöl
- → 1 ½ TL Salz
- → 1 sehr gute Prise schwarzer Pfeffer, frisch gemahlen
- → 2 TL mittelscharfer Senf
- → 2 EL Zitronensaft
- → 2 TL abgeriebene Schale von 1 Bio-Zitrone

FÜR DAS BBQ-GEMÜSE:

- → 200 g Austernseitlinge, entstielt und längs in Streifen geschnitten
- → 200 g Brokkoli, in feine Röschen geteilt
- → 100 g rauchige BBQ-Soße
- → 4 EL Olivenöl

FÜR DEN SPINATSALAT:

- → 200 g Blattspinat, gut gewaschen und abgetropft
- → 1 kleiner Bio-Apfel, entkernt und in 0,5 cm große Würfel geschnitten
- → 4 EL Zitronensaft
- → 2 EL natives Olivenöl
- → 2 EL Ahornsirup
- → 2 TL gerösteter Sesam
- → 2 TL Sojasoße

FÜR DIE DEKO:

- → 5 EL Kapuzinerkresseblütenblätter
- → 5 EL Korianderblätter
- → 3 Radieschen, sehr fein gehobelt

AUSSERDEM:

- → Mehl für die Arbeitsfläche
- → 8 Backpapierzuschnitte à 12 × 6 cm
- → 8 Backpapierzuschnitte à 12 × 12 cm
- → 1 großer Bambusdämpfkorb, idealerweise mit 2–3 Lagen

FÜR 3–4 PERSONEN
ARBEITSZEIT: 1 STUNDE
RUHEZEIT: 1 STUNDE

QUINOA-KRAUT-WICKERL
MIT KÜRBIS-KARTOFFEL-STAMPF & KAROTTENSOSSE

FÜR DEN KÜRBIS-KARTOFFEL-STAMPF:

- → 500 g mehligkochende Kartoffeln, geschält und in 1 cm große Würfel geschnitten
- → 500 g Hokkaidokürbis, in 1 cm große Würfel geschnitten
- → 2 Knoblauchzehen, abgezogen und gewürfelt
- → 3 EL Olivenöl für den Backofen
- → 50 g mildes Olivenöl für das Püree
- → 100–200 ml milde Gemüsebrühe (je nach Kartoffelsorte)
- → ½ TL Muskatnuss, frisch gerieben
- → 1 TL gemahlener Koriander
- → 4 EL Basilikum, fein geschnitten
- → natürliches Salz und frisch gemahlener schwarzer Pfeffer zum Abschmecken

FÜR DIE QUINOA-KRAUTWICKERL:

- → 1 großer Weißkohlkopf mit 10 großen Blättern
- → 100 g Quinoa
- → Salz für den Quinoa
- → ½ große Zwiebel, abgezogen und fein gewürfelt
- → 1 EL Olivenöl
- → 25 g Cashewkerne, fein gehackt
- → 3 Datteln, fein gewürfelt
- → 1 Selleriestange, sehr fein gewürfelt
- → 30 g Petersilie, fein geschnitten
- → 2 EL Kichererbsenmehl
- → 1 Tomate, fein gewürfelt
- → 1 EL Sojasoße (Tamari)
- → 1 TL Salz
- → ½ TL schwarzer Pfeffer, frisch gemahlen

FÜR DIE KAROTTENSOSSE:

- → 3 EL Olivenöl
- → 1 große Zwiebel, abgezogen und gewürfelt
- → 1 Knoblauchzehe, abgezogen und gewürfelt
- → ½ TL gemahlener Kreuzkümmel
- → 3 cm Ingwer, geschält und fein gewürfelt
- → 250 ml milde Gemüsebrühe
- → 300 ml Karottensaft
- → 100 ml Orangensaft
- → 1 EL Tahini (Sesammus)
- → 1 TL Salz
- → frisch gemahlener schwarzer Pfeffer und Essig zum Abschmecken

FÜR 3–4 PERSONEN
ZUBEREITUNGSZEIT: 55 MINUTEN

Für den Kürbis-Kartoffel-Stampf die Kartoffelwürfel in einem Topf mit Dämpfeinsatz in etwa 20 Minuten weich dämpfen.

In der Zwischenzeit für die Krautwickerl den Kohl 30 Sekunden in kochendem Wasser blanchieren und anschließend 1 bis 2 Blätter abziehen. Vorgang so lange wiederholen, bis 10 große, unbeschädigte Blätter vorhanden sind. An der Blattrippe halbieren, die Rippe herausschneiden. Blattrippen in feine Würfel schneiden und beiseitelegen.

Quinoa 5 Minuten in Salzwasser kochen. Abgießen, auf einem Teller ausbreiten und etwas abkühlen lassen. Eine Pfanne erhitzen, die Zwiebelwürfel darin mit dem Olivenöl goldgelb rösten. Cashewkerne, Datteln und die fein gewürfelten Blattrippen dazugeben und 2 Minuten mitrösten. Sellerie, Petersilie, Kichererbsenmehl, Tomate, Sojasoße, Salz, Pfeffer und Quinoa unterheben, alles gut mischen und ohne Hitze ziehen lassen.

Die halbierten Kohlblätter mit je 1 Esslöffel der Mischung belegen, etwas aufrollen, die Seiten einschlagen und anschließend straff aufrollen, damit die Füllung nicht herausfällt. Mit Zahnstochern oder Garn fixieren. Die Rouladen in einen Dämpfkorb schichten und 15 Minuten dämpfen.

In der Zwischenzeit für die Karottensoße in einer Pfanne Öl erhitzen und Zwiebeln, Knoblauch, Kreuzkümmel und Ingwer sanft goldbraun darin anschwitzen. Brühe und Säfte angießen, die Röstaromen vom Pfannenboden lösen und alles kochen lassen, bis sich die Flüssigkeit um ⅓ reduziert hat. Tahini und Salz dazugeben und alles im Mixer glatt mixen. Bis zur gewünschten Konsistenz einkochen und mit Salz, Pfeffer und etwas Essig abschmecken.

Kürbiswürfel und Knoblauch auf ein Backblech geben, mit 3 Esslöffel Olivenöl beträufeln und bei 200 °C (Umluft/Obergrill) im Ofen braun rösten. Anschließend mit den Kartoffeln mit einem Kartoffelstampfer zu einem leicht stückigen Brei drücken. Olivenöl, die Hälfte der Brühe, Muskat, Koriander und Basilikum untermischen und mit Salz und Pfeffer abschmecken. Bei Bedarf noch etwas Brühe dazugeben.

Die Quinoa-Krautwickerl mit dem Kürbis-Kartoffel-Stampf und der Karottensoße servieren.

MAMAS FLUFFIGE
DINKEL-GERMKNÖDEL

Für den Teig die Hefe mit 125 Milliliter lauwarmem Soja-Pflanzendrink, 30 Gramm Margarine und Rohrohrzucker verrühren. 10 Minuten ruhen lassen, bis die Hefe aktiv ist. Mehle, Rohrzucker, ½ Teelöffel Salz und Kurkuma gut mischen. Die Hefemischung dazugeben und gut verkneten, bis ein homogener, leicht klebriger Teig entstanden ist. Zugedeckt 1 Stunde an einem warmen Ort gehen lassen, bis sich das Teigvolumen verdoppelt hat. Anschließend in 4 gleich große Teile teilen. Mit bemehlten Händen sanft zu Kugeln rollen und nach unten zusammendrehen, sodass eine schöne Spannung in der Kugel entsteht, und zugedeckt 30 Minuten gehen lassen.

200 Milliliter lauwarmes Wasser mit dem restlichen, lauwarmen Soja-Pflanzendrink, der restlichen Margarine und dem restlichen Salz in einen Topf mit 5 Liter Fassungsvermögen geben.

Die Teigkugeln falten, noch mal straff rollen und vorsichtig nebeneinander in den Topf mit der lauwarmen, aber nicht heißen Pflanzendrinkmischung geben. Zugedeckt 30 Minuten gehen lassen, bis sich ihr Volumen verdoppelt hat. Deckel schließen, kurz aufkochen, die Hitze wieder reduzieren und 25 bis 30 Minuten ganz sanft weiterköcheln lassen. Es muss immer leicht Dampf aus dem Topf entweichen, die Flüssigkeit darf aber nie richtig kochen.

Für die Deko Margarine in einem Topf zerlassen, mit dem Mandelmehl bestäuben und 5 Minuten köcheln lassen. Mohn und Puderzucker mischen. Die Germknödel aus dem Topf nehmen und mit der Spritze von unten das Pflaumenmus hineindrücken. Dann auf Tellern anrichten, mit der Mandelmehlbutter begießen und mit dem Mohnzucker bestreuen. Sofort servieren!

TIPPS: Wichtig: Wenn die Knödel im Topf ruhen, auf keinen Fall den Topf öffnen, sonst fallen sie zusammen.

Wenn dir der Schritt mit der Pflaumenmusfüllung zu aufwendig ist, einfach weglassen und das Mus hinterher dazu essen. Alternativ je 1 ganze Pflaume oder Aprikose einlegen.

FÜR DEN TEIG:

- → 12 g frische Hefe, ¼ Würfel
- → 325 ml Bio-Soja-Pflanzendrink, lauwarm
- → 70 g Bio-Margarine, z. B. Alsan®-Bio
- → 2 TL Rohrohrzucker
- → 260 g Dinkelmehl Type 630, gesiebt
- → 2 EL Bio-Sojamehl
- → 50 g Rohrzucker
- → 1 TL Salz
- → ¼ TL gemahlene Kurkuma
- → 5 gut gehäufte EL Pflaumenmus

FÜR DIE DEKO:

- → 200 g Bio-Margarine, z. B. Alsan®-Bio
- → 2 EL Mandelmehl
- → 150 g gemahlener Mohn
- → 50 g Puderzucker

AUSSERDEM:

- → Mehl zum Teigformen
- → eine Spritze zum Füllen

FÜR 4–5 STÜCK
ARBEITSZEIT: 30 MINUTEN
RUHEZEIT: 1 STUNDE

SCHOKO-BANANE-DUMPLINGS

MIT MANGO-APFEL-CHUTNEY

FÜR DEN HEFETEIG:

- → 10 g Ahornsirup
- → 10 g frische Hefe
- → 125 g Weizenmehl Type 550 oder Dinkelmehl Type 630, fein gesiebt
- → ½ TL Salz
- → 1 TL Haselnuss- oder neutrales Öl
- → 1 gute Prise Zimtpulver
- → 1 TL abgeriebene Schale von 1 Bio-Orange

FÜR DAS CHUTNEY:

- → 1 EL Ahornsirup
- → 1 TL Olivenöl
- → 1 gute Prise Vanillepulver
- → ¼ TL gemahlener Kardamom
- → 1 Mango, geschält, entkernt und in 0,5 cm große Würfel geschnitten
- → 1 Apfel, geschält, entkernt und in 0,5 cm große Würfel geschnitten
- → Saft von 1 Limette
- → 1 EL Kokosraspel, angeröstet

FÜR DIE FÜLLUNG:

- → 12 Bananenstücke, 1 cm dick
- → 6 TL crunchy Erdnussmus
- → 12 Stücke vegane weiße Schokolade, 1 cm groß

AUSSERDEM:

- → etwas Fett zum Einfetten
- → Mehl für die Arbeitsfläche
- → 12 Backpapierzuschnitte à 5 × 5 cm
- → 1 Bambusdämpfkorb

FÜR 12 DUMPLINGS
ARBEITSZEIT: 45 MINUTEN
RUHEZEIT: 1 STUNDE

Für den Hefeteig 60 Milliliter lauwarmes Wasser mit Ahornsirup und Hefe verrühren und 10 Minuten ziehen lassen. Anschließend mit dem Mehl zu einem homogenen Teig kneten. Salz, Öl, Zimt und Orangenabrieb dazugeben und ebenfalls verkneten. Die Schüssel etwas einfetten, den Teig hineinlegen und mit einem feuchten Küchentuch zugedeckt an einem warmen Ort 1 Stunde gehen lassen.

Für das Chutney einen kleinen Topf erhitzen und Ahornsirup, Olivenöl, Vanillepulver sowie Kardamom leicht karamellisieren lassen. Mango- und Apfelwürfel dazugeben, kurz mitrösten und mit Limettensaft sowie 4 Esslöffel Wasser ablöschen. Kokosraspel unterrühren, einmal stark aufkochen lassen und zugedeckt bei niedriger Hitze 10 Minuten ziehen lassen. Vom Herd nehmen und weiter ziehen lassen.

Den Teig auf einer großen, bemehlten Holzfläche sanft und luftig durchkneten und mit dem Nudelholz etwa 4 Millimeter dünn ausrollen. Dabei immer wieder mit Mehl bestäuben. 8 Zentimeter große Kreise ausstechen und auf ein mit Backpapier ausgelegtes Backblech legen. Restlichen Teig kurz kneten und wieder dünn ausrollen. Erneut Kreise ausstechen. So weiterverfahren, bis der Teig aufgebraucht ist. Es sollten 12 Kreise entstehen. Diese jeweils mit 1 Stück Banane belegen, mit ½ Teelöffel Erdnussmus bestreichen und zum Schluss 1 Stück Schokolade daraufsetzen. Zwei gegenüberliegende Seiten zusammenklappen, die anderen Seiten vorsichtig oben zusammennehmen und fest zusammendrücken, damit die Dumplings nicht aufgehen. Sie sollten wie kleine, fest verschlossene Blumen aussehen. Je 1 Dumpling auf 1 Backpapierzuschnitt setzen.

Den Bambusdämpfkorb auf den passenden Topf setzen, Topf 3 Zentimeter hoch mit Wasser füllen und dieses zum Kochen bringen. Die Dumplings mit Backpapier in den Dämpfkorb legen und zugedeckt 15 Minuten dämpfen. Bei Bedarf heißes Wasser nachgießen. Wichtig: Das Gefäß während des Dämpfens nicht öffnen!

Die Dumplings nach dem Dämpfen noch 5 Minuten im Korb ziehen lassen und anschließend mit dem lauwarmen Chutney genießen.

TIPP: Alternativ die Dumplings bei 100 °C im Dampfgarer auf einem gelochten Blech 15 Minuten dämpfen.

GEGRILLT

BROKKOLISTEAK
MIT HARISSA-MELONEN-JOGHURT

→ 1 sehr großer, fester Brokkoli mit dickem Strunk

FÜR DIE MARINADE:

→ 6 EL Sojasoße
→ 3 EL Olivenöl
→ 1 EL geröstetes Sesamöl
→ 2 TL Ahornsirup
→ 1 TL geräuchertes Paprikapulver

FÜR DEN HARISSA-MELONEN-JOGHURT:

→ 200 g Soja- oder Kokosjoghurt
→ 4 TL Harissapaste
→ 2 TL Ahornsirup
→ 1 EL Limettensaft
→ 2 TL natürliches Salz
→ 80 g reife Cantaloupe-Melone, sehr fein gewürfelt

FÜR DIE BRÖSEL:

→ 1 ½ EL Olivenöl
→ 5 EL Semmelbrösel
→ 2 EL Pinienkerne
→ 1 kleine Knoblauchzehe, abgezogen und fein gerieben
→ ½ TL Fenchelsamen
→ 1 TL natürliches Salz

FÜR DIE DEKO:

→ 6 EL Granatapfelkerne

FÜR 2–3 PERSONEN
ARBEITSZEIT: 20 MINUTEN
ZIEHZEIT: 30 MINUTEN–1 STUNDE

Den Brokkolistrunk mit einem Messer vorsichtig schälen, sodass alles Holzige entfernt ist. Den Brokkoli anschließend so in 3 Scheiben schneiden, dass diese noch durch den unteren Teil des Strunks zusammengehalten werden.

Alle Zutaten für die Marinade verrühren und den Brokkoli damit bepinseln. 30 Minuten bis 1 Stunde ziehen lassen.

Für den Harissa-Melonen-Joghurt alle Zutaten mischen und nach Belieben mit Salz und Limettensaft abschmecken. Für die Brösel eine Pfanne erhitzen, das Öl hineingeben und Semmelbrösel sowie Pinienkerne darin hellbraun rösten. Knoblauch und Fenchelsaat dazugeben und 30 Sekunden mitrösten. Mit Salz würzen und vom Herd nehmen.

Die marinierten Brokkolisteaks auf dem Grill für etwa 3 Minuten auf jeder Seite knusprig grillen; sie sollten gar, aber noch schön bissfest sein. Auf einem rustikalen Brett oder Teller anrichten und mit etwas Joghurt, Bröseln und Granatapfelkernen garniert servieren.

TIPP: Um Gemüse optimal zu grillen, benötigt man einen Grillrost, der sehr schmale Abstände hat. Ich verwende auch gern ein feinmaschiges Grillgitter aus Edelstahl. So kommen Hitze und Rauch perfekt ans Grillgut, und das Gemüse fällt nicht durch den Rost.

GLUTGESCHMORTE
ROTE BETE MIT BORLOTTIBOHNENDIP

→ 1 große Rote Bete

FÜR DIE MARINADE:

→ 2 TL Tahini
→ 4 EL Olivenöl
→ 4 EL Limettensaft
→ 2 TL Salz
→ 2 TL Ahornsirup
→ 1 TL fein abgeriebene Schale von 1 Bio-Orange
→ 1 gute Prise Zimtpulver
→ 2 EL Schnittlauch, fein geschnitten

FÜR DEN BORLOTTIBOHNENDIP:

→ 1 Dose Borlottibohnen, 400 g mit Flüssigkeit
→ 1 EL weißes Mandelmus
→ 2 EL Olivenöl
→ 1 EL natives Kokosöl
→ 2 TL abgeriebene Schale von 1 Bio-Zitrone
→ 1 TL natürliches Salz
→ ½ TL gemahlener Kreuzkümmel
→ 3 EL Zitronensaft
→ 1 sehr kleine Knoblauchzehe, abgezogen
→ 1 EL Ingwer, fein gerieben
→ 40 g Petersilie oder Bärlauch, sehr fein geschnitten

FÜR 2–3 PERSONEN
ZUBEREITUNGSZEIT: 35 MINUTEN

Die Rote Bete direkt in die heiße Glut legen und am besten auch von oben mit Glut bedecken. 25 Minuten darin lassen, dabei ab und zu wenden.

In der Zwischenzeit für die Marinade alle Zutaten vermengen. Für den Borlottibohnendip Bohnen, Mandelmus, Olivenöl, Kokosöl, Zitronenschale, Salz, Kreuzkümmel, Zitronensaft, Knoblauch und Ingwer im Mixer zu einer glatten Creme mixen. Die Petersilie unterheben und nach Belieben mit Salz und Zitronensaft abschmecken. Bis zum Servieren kalt stellen.

Die Rote Bete aus der Glut nehmen, 10 Minuten abkühlen lassen und mit einem Messer die verbrannte Schicht abschneiden. Wenn Asche auf das Gemüse gelangt ist, mit einem Tuch abreiben. Die Knolle in etwa 3 Zentimeter dicke Scheiben schneiden und diese mit der Marinade mischen. Etwas ziehen lassen. Die Rote Bete mit dem Borlottibohnendip und nach Belieben mit knusprigem Brot servieren.

TIPPS: Statt der Roten Bete oder zusätzlich dazu kann auch Kohlrabi verwendet werden. Diesen einfach ebenso verarbeiten wie die Rote Bete.

Die angegebene Menge dient als kleine Vorspeise für 2 bis 3 Personen.

BBQ-BUTTER-SPITZKOHL MIT KARTOFFELKÄSE & KÜRBISKERNEN

Den Spitzkohl durch den Strunk vierteln. Für die BBQ-Butter alle Zutaten mit dem Pürierstab zu einer homogenen Creme mixen. Kühl stellen.

Für den Kartoffelkäse die Kartoffeln in 3 Zentimeter große Würfel schneiden und anschließend in 3 Liter gesalzenem Wasser gar kochen. Abgießen, durch die Kartoffelpresse drücken und die restlichen Zutaten mit einem Kochlöffel einarbeiten. Mit Salz und Pfeffer abschmecken, auskühlen lassen.

Die Spitzkohlviertel großzügig mit der BBQ-Butter bestreichen und anschließend bei sehr hoher Hitze auf einer Grillschale grillen, bis deutlich Röstfarbe auf beiden Seiten zu sehen ist.

Den Kartoffelkäse auf einer großen Platte verteilen, die gegrillten Spitzkohlviertel darauf anrichten und mit dem Topping garniert servieren.

→ 1 kleiner, fester Spitzkohl

FÜR DIE BBQ-BUTTER:

→ 180 g zimmerwarme vegane Bio-Margarine, z. B. Alsan®-Bio
→ 45 g gute BBQ-Soße, z. B. von Byodo® oder Dirty Harry®
→ 1 gute Prise Zimtpulver
→ ½ TL Thymian
→ 3 TL Salz
→ 4 TL Sesam, geröstet

FÜR DEN KARTOFFELKÄSE:

→ 500 g mehligkochende Kartoffeln, geschält
→ natürliches Salz
→ 1 Becher vegane saure Sahne, z. B. von Soyananda®
→ 100 g Cashewsahne; alternativ: 30 g weißes Cashewmus mit 70 ml Wasser und 1 TL Salz verrührt
→ 1 Schalotte, abgezogen und sehr fein gewürfelt
→ 3 EL Zitronensaft
→ schwarzer Pfeffer, frisch gemahlen

FÜR DAS TOPPING:

→ 4 EL Schnittlauch, fein geschnitten
→ 4 EL Kürbiskerne, geröstet
→ 2 EL Kürbiskernöl

FÜR 2–3 PERSONEN
ZUBEREITUNGSZEIT: 30 MINUTEN

KNUSPRIGES
BIG STEAK MIT WET RUB

FÜR DEN KOCHSUD:

- → 3 EL Bio-Gemüsebrühepulver
- → 4 EL Sojasoße
- → 4 EL gute BBQ-Soße, z. B. von Byodo® oder Dirty Harry®

FÜR DIE WÜRZMARINADE:

- → 6 EL desodoriertes Bratöl
- → 9 EL gute BBQ-Soße, z. B. von Byodo® oder Dirty Harry®
- → 3 TL Harissapaste
- → 1 ½ TL Thymian
- → 1 TL schwarzer Pfeffer, frisch gemahlen
- → 1 TL gemahlener Koriander
- → 2 TL abgeriebene Schale von 1 Bio-Zitrone
- → 1 TL natürliches Salz
- → 3 EL Hefeflocken

AUSSERDEM:

- → 4 Soja Big Steaks
- → 8 Schaschlikspieße

FÜR 4 STEAKS
ARBEITSZEIT: 20 MINUTEN
RUHEZEIT: 1–2 STUNDEN

Für den Kochsud alle Zutaten in 1 ½ Liter Wasser geben. Die Steaks darin 5 Minuten aufkochen und dabei mit einem Kochlöffel immer wieder in die Flüssigkeit drücken und wenden, damit sie sich gleichmäßig vollsaugen. Anschließend im Sud auskühlen lassen. Bei Bedarf beschweren, sodass die Steaks vollständig mit Flüssigkeit bedeckt sind.

Die ausgekühlten Steaks zwischen zwei Schneidebretter legen und gut auspressen. Aufeinanderstapeln und im Abstand von 3 Zentimetern abwechselnd unten und oben je einen Schnitt bis zur Hälfte des Steaks setzen, sodass am Schluss 4 Schnitte gemacht wurden und die einzelnen Steaks sich wie eine Ziehharmonika auseinanderziehen lassen, dabei aber stabil zusammenhalten.

Für die Würzmarinade alle Zutaten verrühren. Die Marinade gut in die Steaks einmassieren, die Steaks zudecken und 1 bis 2 Stunden im Kühlschrank ruhen lassen.

Vor dem Grillen je 2 Schaschlikspieße durch die Steaks fädeln, damit diese beim Grillen stabiler sind und die »Ziehharmonika« etwas auseinandergezogen ist. Die Steaks anschließend über der Glut bei voller Hitze für 3 bis 4 Minuten knusprig grillen. Dabei immer wieder mit der restlichen Marinade bepinseln.

TIPPS: Dazu passt der Joghurtdip von Seite 60. Man kann die Steaks auch zusammen mit einer braun gegrillten, mit Öl bepinselten, 1 Zentimeter dicken Zwiebelscheibe zwischen Burgersemmelhälften legen.

Der Kochsud kann eingefroren und wiederverwendet werden.

AVOCADO
MIT SEITLING-CEVICHE

Für die Marinade die nicht gewürfelten Kirschtomaten mit Olivenöl und Cashewmus mit dem Stabmixer glatt pürieren. Das Püree mit den restlichen Zutaten mischen und ziehen lassen.

Die Pilzscheiben bei sehr hoher Hitze braun grillen und anschließend in etwa 2 Zentimeter große Stücke schneiden. Zur Marinade geben und mindestens 10 Minuten ziehen lassen.

Die Avocadohälften mit der Schale nach unten für 1 bis 2 Minuten auf den Grill legen. Anschließend auf die Schnittflächen drehen und von dieser Seite braun grillen. Auf ein Brett setzen und mit den marinierten Kräuterseitlingen füllen. Den Rest der Pilze in einer Schale dazu reichen und die Avocados nach Belieben mit knusprigem Knoblauchbaguette servieren.

FÜR DIE MARINADE:

→ 100 g Kirschtomaten
→ 2 EL Olivenöl
→ 1 EL Cashewmus
→ 1 rote Zwiebel, abgezogen, halbiert und in feine Ringe gehobelt
→ ½ Bund Koriandergrün, fein geschnitten
→ 100 g Kirschtomaten, fein gewürfelt
→ 100 g Aprikosen, fein gewürfelt
→ 1 EL mittelscharfe Chilischote, entkernt und fein gewürfelt
→ 100 ml Limettensaft
→ 2 TL Ahornsirup
→ 2 TL natürliches Salz

FÜR DIE CEVICHE:

→ 3 große Kräuterseitlinge, in 3 cm dicke, längliche Scheiben geschnitten, 250 g

AUSSERDEM:

→ 3 große, reife Avocados, halbiert und entkernt

FÜR 2–3 PERSONEN
ZUBEREITUNGSZEIT: 30 MINUTEN

FEUER-FLADEN-BROTSCHALE
GEFÜLLT MIT SÜSSKARTOFFELN & JOGHURT

FÜR DAS FLADENBROT:

- → 120 g Weizenmehl Type 405 oder Dinkelmehl Type 630
- → 2 TL Backpulver
- → 1 TL natürliches Salz
- → 1 TL frischer Rosmarin, fein gehackt
- → 70 g Bio-Sojajoghurt
- → 1 EL Bratöl

FÜR DEN JOGHURT:

- → 70 g Salatgurke, grob geraspelt
- → 1 TL Salz
- → 1 kleine Knoblauchzehe, abgezogen und fein gerieben
- → 1 TL Ingwer, fein gerieben
- → 1 TL Minze, fein geschnitten
- → 1 TL rote Chilischote, entkernt und fein geschnitten
- → 1 TL fein abgeriebene Schale von 1 Bio-Zitrone
- → 100 g Bio-Sojajoghurt
- → 1 TL Ahornsirup
- → 1 TL natürliches Salz

FÜR DIE SÜSSKARTOFFELN:

- → 200 g Süßkartoffeln, geschält und in 2 cm dicke Stifte (Bâtonnets) geschnitten
- → 1 EL Olivenöl
- → 1 TL Salz
- → 1 TL frischer Rosmarin, fein gehackt
- → 1 TL rosenscharfes Paprikapulver
- → 1 TL gemahlener Koriander
- → 1 Prise geräuchertes Paprikapulver

AUSSERDEM:

- → 1 rote Zwiebel, abgezogen und in 1 cm dicke Scheiben geschnitten

FÜR 2 SCHALEN
ZUBEREITUNGSZEIT: 45 MINUTEN

Für das Fladenbrot Mehl und Backpulver in eine Schüssel sieben. Mit Salz und Rosmarin mischen. Joghurt und Öl dazugeben und mit der Hand 5 Minuten kneten, bis ein elastischer, nicht klebriger Teig entstanden ist. Bei Bedarf etwas mehr Mehl verwenden. In Folie gewickelt mindestens 30 Minuten im Kühlschrank ruhen lassen.

Für den Joghurt Gurkenraspel mit Salz mischen und 10 Minuten ziehen lassen. Die Gurke auspressen, das Wasser aufbewahren und beispielsweise für eine Salatsoße verwenden. Die ausgedrückten Gurkenraspel mit den restlichen Zutaten vermengen und in den Kühlschrank stellen.

Für die Süßkartoffeln die Süßkartoffelstifte mit den restlichen Zutaten vermengen und mindestens 20 Minuten ziehen lassen.

Eine kleine Edelstahlschüssel (maximal 10 Zentimeter Durchmesser) mit der Öffnung nach unten auf den heißen Grill legen und 2 bis 3 Minuten sehr heiß werden lassen. Den Teig in 2 Stücke teilen und zu etwa 3 Millimeter dünnen Fladen ausrollen. Nacheinander auf die Schüsselwölbung legen und 2 bis 3 Minuten backen, bis sich die Teigschale leicht lösen lässt und auf der Innenseite deutlich Farbe bekommen hat. Mit der Rundung nach unten auf den Grillrost legen und unter Aufsicht fertig backen, bis die Schale auf beiden Seiten durch, weich und knusprig ist. Mit dem zweiten Fladen ebenso verfahren.

Währenddessen die Süßkartoffeln und die Zwiebelscheiben grillen, bis die Zwiebel braun geschmort ist und die Süßkartoffeln ebenso deutlich Röstaromen haben. Vom Grill nehmen. Süßkartoffeln in 2 Zentimeter lange Stücke schneiden und in die Teigschüsseln geben. Geröstete Zwiebeln in Streifen schneiden und auf die Süßkartoffeln geben. Mit dem Joghurt toppen und genießen.

TOMATEN-TEMPEH-SCHASCHLIK

AUF FENCHEL-PAPRIKA-SALAT

Für die Spieße den Tempeh in Stücke schneiden, die ebenso groß sind wie die Kirschtomaten. Abwechselnd Tempehwürfel und Tomaten auf die Spieße fädeln, dabei mit Tempeh beginnen und abschließen.

Für den Tomatenlack alle Zutaten im Mixer glatt pürieren und die Spieße darin marinieren. 1 Stunde ziehen lassen.

Für das Dressing alle Zutaten im Mixer glatt pürieren. Für den Fenchel-Paprika-Salat alle Zutaten in eine große Schüssel geben und mischen.

Die Spieße bei starker Glut von allen Seiten knusprig braun grillen. Das sollte nicht länger als 5 Minuten dauern, sonst werden die Tomaten weich und fallen vom Spieß. Beim Grillen immer wieder mit dem Lack bepinseln.

Den Salat auf einer großen Platte verteilen und mit dem Dressing beträufeln. Die Spieße darauf anrichten und mit gerösteten Sonnenblumenkernen sowie Aprikosenspalten garnieren.

FÜR DIE SPIESSE:

→ 200 g guter Bio-Tempeh (z. B. Tempehmanufaktur)
→ 12 kleine, reife Dattel-Kirschtomaten
→ 4 lange Schaschlikspieße aus Holz

FÜR DEN TOMATENLACK:

→ 50 g Sojasoße (Tamari)
→ 1 TL rosenscharfes Paprikapulver
→ 30 g Olivenöl
→ 50 g reife Kirschtomaten
→ 25 g Dattelsirup
→ ½ Knoblauchzehe, abgezogen
→ 1 TL rosa Pfefferbeeren

FÜR DAS DRESSING:

→ 5 EL Kokosmilch
→ 1 TL Erdnussmus
→ 2 EL weißer Balsamicoessig
→ 2 EL Zitronensaft
→ 1 EL geröstetes Sesamöl
→ 5 EL Olivenöl
→ 5 EL Orangensaft
→ 1 kleine, milde rote Chilischote, entkernt
→ 1 gute Prise schwarzer Pfeffer, frisch gemahlen
→ 1 TL natürliches Salz
→ 2 EL Ahornsirup
→ 1 EL fein abgeriebene Schale von 1 Bio-Zitrone

FÜR DEN FENCHEL-PAPRIKA-SALAT:

→ 1 Fenchelknolle, fein gehobelt
→ 1 rote Paprikaschote, entkernt und fein gehobelt
→ 1 kleine rote Zwiebel, abgezogen und fein gehobelt
→ ½ Bund Koriandergrün, fein geschnitten

FÜR DAS TOPPING:

→ 4 EL Sonnenblumenkerne, geröstet
→ 3 Aprikosen, in schmale Spalten geschnitten

FÜR 2–3 PERSONEN
ARBEITSZEIT: 30 MINUTEN
ZIEHZEIT: 1 STUNDE

CEVAPCICI-HOTDOG

MIT VEGGIE-HACK & OLIVENSALSA

FÜR DIE OLIVENSALSA:

- → 100 g grüne Oliven, entsteint und fein gehackt
- → 2 cm milde rote Chilischote, entkernt und fein gehackt
- → 4 EL rote Zwiebel, abgezogen und sehr fein gewürfelt
- → 4 EL Bio-Apfel, entkernt und sehr fein gewürfelt
- → 1 EL abgeriebene Schale von 1 Bio-Zitrone
- → 1 EL Olivenöl
- → 1 mittelgroße Knoblauchzehe, abgezogen und fein gerieben
- → 2 EL Zitronensaft
- → 1 TL Ahornsirup
- → Salz

FÜR DAS VEGGIE-HACK:

- → 100 g große Austernseitlinge
- → 1 rote Zwiebel, abgezogen und geviertelt
- → 1 mittelgroße Zucchini, längs geviertelt
- → 1 EL dunkler Balsamicoessig
- → 1 EL Olivenöl
- → 1 TL frischer Rosmarin, fein gehackt
- → 1 TL natürliches Salz
- → ½ TL schwarzer Pfeffer, frisch gemahlen
- → ½ TL edelsüßes Paprikapulver
- → ½ TL geräuchertes Paprikapulver (Pimentón de la Vera)

FÜR DIE CEVAPCICI-HOTDOGS:

- → 4 EL Olivenöl + etwas zum Bepinseln
- → 1 große Zwiebel, abgezogen und sehr fein gewürfelt
- → 45 g Petersilie, fein gehackt
- → 300 g Bio-Tempeh, mit der Gabel zerdrückt, z. B. Knoblauch-Koriander-Tempeh von der Tempehmanufaktur®
- → 50 g Reismehl
- → 15 g Tapiokastärke
- → 1 TL Majoran
- → 2 EL Sojasoße (Tamari)
- → 1 TL Essig
- → 2 EL Hefeflocken
- → ¼ TL Muskatnuss, frisch gerieben
- → ½ TL schwarzer Pfeffer, frisch gemahlen

AUSSERDEM:

- → 5 weiche, vegane Laugenstangen
- → 3 EL vegane Kräuterbutter

FÜR CA. 5 HOTDOGS
ZUBEREITUNGSZEIT: 45 MINUTEN

Für die Olivensalsa alle Zutaten mischen und mit Salz und Säure, etwa weißem Essig, Zitrone oder Limette, abschmecken. Für das Veggie-Hack ebenfalls alle Zutaten mischen und 10 Minuten ziehen lassen.

Das marinierte Gemüse bei hoher Hitze braun rösten – die Marinade aufbewahren – und anschließend mit einem Messer fein krümelig hacken. Alternativ kurz in die Küchenmaschine geben. Wichtig: Es soll keine Paste, sondern krümeliges Hack entstehen. Zurück in die Marinade geben und warm halten.

Für die Cevapcici-Hotdogs eine Pfanne erhitzen, 1 Teelöffel Öl hineingeben und die Zwiebelwürfel mit der Petersilie darin goldgelb anrösten. Mit zerdrücktem Tempeh, Reismehl, Tapioka, Majoran, Sojasoße, Essig, Hefeflocken, Muskat und Pfeffer gut verkneten. 10 Minuten ruhen lassen und anschließend so um 6 Schaschlikspieße kneten, dass etwa 8 Zentimeter lange und 2 bis 3 Zentimeter dicke »Würstchen« am Spieß entstehen. Diese mit etwas Öl bepinseln.

Die Cevapcici entweder auf einem sehr feinmaschigen Grillgitter bei mittlerer Hitze von allen Seiten etwa 10 Minuten knusprig braten oder vorher in einer Pfanne knusprig braten und dann nochmals auf dem Grill kurz bei hoher Hitze angrillen.

Die Laugenstangen so aufschneiden, dass sie befüllbar sind, an einer Seite aber noch zusammenhängen. Jeweils 2 Teelöffel Kräuterbutter hineingeben und die Stangen mit dem Schlitz nach unten 1 Minute auf den Grill legen, sodass die Innenseite etwas angegrillt ist. Dann die Cevapcici vom Spieß ziehen und in die Stangen legen. Mit Olivensalsa und Veggie-Hack toppen und nach Belieben mit Senf und Ketchup genießen.

KARAMELL-PIZZA
MIT FRUCHTJOGHURT & MANGO-KOKOS-SAMBAL

Für den Pizzateig 175 Milliliter lauwarmes Wasser mit Essig, Hefe und Ahornsirup verrühren. 10 Minuten ruhen lassen, bis die Hefe aktiv ist. Beide Mehle in eine Schüssel sieben und eine Mulde formen. Die Hefeflüssigkeit mit Salz und Öl in die Mulde gießen und etwa 10 Minuten lang zu einem homogenen Teig kneten. Die Schüssel leicht einfetten, Teig hineinlegen und zugedeckt an einem warmen Ort 1 Stunde gehen lassen, bis sich das Teigvolumen verdoppelt hat.

Währenddessen für den Fruchtjoghurt alle Zutaten mischen und für 1 Stunde in den Kühlschrank stellen. Für das Mango-Kokos-Sambal Kokosraspel mit 100 Milliliter Wasser und Orangensaft verrühren und 1 Stunde ziehen lassen. Die Flüssigkeit abgießen und Kokosraspel mit den restlichen Zutaten – bis auf die Mango – mischen.

Den Teig sanft kneten und in Kugeln mit 5 Zentimeter Durchmesser teilen. Die Kugeln etwa 0,5 Zentimeter dick ausrollen und von beiden Seiten mit etwas Öl bepinseln. Auf beiden Seiten je 1 bis 2 Minuten bei mittlerer Hitze auf dem Grill backen, dazu ein sehr feinmaschiges Gitter oder eine Grillschale verwenden. Der gebackene Teig sollte schön braun sein. Puderzucker und Rum verrühren und die Pizzaböden damit bepinseln. Kurz ruhen lassen. Währenddessen die Mango auf dem Grill kurz angrillen; auch dafür ein sehr feinmaschiges Gitter oder eine Grillschale verwenden. In 0,5 Zentimeter große Würfel schneiden und mit dem Kokos-Sambal mischen.

Die gezuckerten Pizzaböden nochmals von beiden Seiten kurz ankaramellisieren, vom Grill nehmen und mit jeweils 1 guten Esslöffel eiskaltem Fruchtjoghurt sowie dem Mango-Kokos-Sambal servieren. Nach Belieben noch mit karamellisierten Nüssen toppen.

FÜR DEN PIZZATEIG:

- → 1 TL weißer Balsamicoessig
- → ½ Päckchen Trockenhefe, 4,5 g
- → 1 EL Ahornsirup
- → 225 g Dinkelmehl Type 1050
- → 30 g Maismehl
- → ½ TL Salz
- → 2 EL Olivenöl

FÜR DEN FRUCHTJOGHURT:

- → 400 g Soja-, Lupinen- oder Kokosjoghurt
- → 20 g natives Kokosöl, zerlassen
- → 30 g weißes Mandel- oder Cashewmus
- → ¼ TL natürliches Salz
- → 5 EL Ahornsirup
- → ½ TL Vanillepulver
- → 1 ½ EL Zitronensaft
- → 1 TL fein abgeriebene Schale von 1 Bio-Zitrone
- → 1 TL fein abgeriebene Schale von 1 Bio-Orange
- → 1 kleiner Bio-Apfel oder -Pfirsich, entkernt und fein gewürfelt
- → 2 EL TK-Blaubeeren, aufgetaut

FÜR DAS MANGO-KOKOS-SAMBAL:

- → 100 g Kokosraspel
- → 100 ml Orangensaft
- → 2 EL Ahornsirup
- → 4 EL Limettensaft
- → 1 TL fein abgeriebene Schale von 1 Bio-Limette
- → 1 TL milde rote Chilischote, entkernt und fein gewürfelt
- → 1 EL Zitronenmelisse oder Minze, fein geschnitten
- → 1 süße, leicht feste Mango, geschält und entkernt

AUSSERDEM:

- → Fett für die Schüssel
- → Öl zum Bepinseln
- → 4 EL Puderzucker
- → 1 EL Rum

FÜR 3–4 PERSONEN
ARBEITSZEIT: 30 MINUTEN
RUHEZEIT: 1 STUNDE

MISO-KARAMELL-FRÜCHTE

MIT SCHOKOPARFAIT

- 1 reife, aber noch leicht feste Mango, geschält und entkernt
- 1 süße, reife Ananas, geschält und vom Strunk befreit

FÜR DIE MARINADE:

- 500 ml Orangensaft
- 1 Zitronengrasstange, längs halbiert
- ¼ TL natürliches Salz
- 1 EL Rote Bete, geschält und fein gerieben
- 2 EL Ahornsirup
- 1 Prise Zimtpulver
- 1 Vanilleschote, längs halbiert
- 4 EL Rum oder Single-Malt-Whisky
- 2 cm frische, mittelscharfe rote Chilischote, entkernt
- 8 Stängel Basilikum

FÜR DAS SCHOKOPARFAIT:

- 175 g Kichererbsenflüssigkeit aus der Dose, gekühlt, von Rapunzel®
- 1 TL Maisstärke
- 100 g Puderzucker
- 200 g vegane Zartbitterschokolade mit 70 % Kakaoanteil, gehackt
- 100 g Cashewbruch, 5 Minuten gekocht
- 200 ml Pflanzendrink
- ½ TL Vanillepulver
- 30 g neutrales Öl
- 50 g vegane Zartbitterschokolade mit 70 % Kakaoanteil, geraspelt

FÜR DIE MISO-KARAMELL-BUTTER:

- 100 g vegane Bio-Margarine, z. B. Alsan®-Bio
- 1 EL helle Bio-Misopaste, z. B. Lupinenmiso von Schwarzwaldmiso®
- 4 EL Ahornsirup
- ½ TL natürliches Salz

AUSSERDEM:

- 5 EL Kokoschips, geröstet
- 5 EL weiße vegane Schokolade, geraspelt, z. B. von IChoc®
- 1 EL kleine Basilikumblättchen

FÜR 4–5 PERSONEN
RUHEZEIT: 12 STUNDEN
ARBEITSZEIT: 30 MINUTEN

Am Vortag Mango und Ananas in grobe, 5 × 5 × 2 Zentimeter große Stücke schneiden. Für die Marinade alle Zutaten bis auf das Basilikum mischen, kurz in einem Topf aufkochen und auskühlen lassen. Anschließend das Basilikum sowie die Obststücke dazugeben und zugedeckt über Nacht im Kühlschrank ziehen lassen.

Ebenfalls am Vortag für das Schokoparfait die Kichererbsenflüssigkeit und die Maisstärke 4 bis 5 Minuten steif schlagen. Puderzucker peu à peu dazugeben und 5 Minuten weiterschlagen. Die gehackte Schokolade im Wasserbad schmelzen und mit den restlichen Zutaten bis auf die geraspelte Schokolade mit dem Stabmixer glatt pürieren. Auf nur noch leicht warm abkühlen lassen und anschließend mit dem Schneebesen vorsichtig unter den kalten Kichererbsenschnee heben. Zum Schluss die geraspelte Schokolade unterziehen, die Masse in eine mit Klarsichtfolie ausgelegte Springform füllen, mit Folie abdecken und über Nacht im Tiefkühlfach gefrieren lassen.

Ebenfalls am Vortag für die Miso-Karamell-Butter alle Zutaten glatt und homogen mixen. Über Nacht in den Kühlschrank stellen.

Am nächsten Tag die Miso-Karamell-Butter aus dem Kühlschrank nehmen und zimmerwarm werden lassen. Die marinierten Fruchtstücke damit bestreichen und auf dem Grill bei starker Hitze kurz anrösten, bis eine karamellige Farbe entstanden ist. Das Schokoparfait in Stücke schneiden – Achtung: Es schmilzt schnell! – und mit den Früchten anrichten. Mit gerösteten Kokoschips, weißen Schokoraspeln und Basilikumblättchen garniert servieren.

TIPP: Die Fruchtmarinade schmeckt mit kaltem Prosecco aufgegossen und mit frischen Minzblättern garniert hervorragend als Aperitif!

PLANT BASED
INSTITUTE
conscious culinary arts
Sebastian Copien

GEBRATEN

GETREIDEKUGELN
IN FRUCHTIGER TOMATENSOSSE

Für die Tomatensoße den Knoblauch mit Schale nur ganz leicht andrücken, die Schale sollte intakt bleiben. Mit Sellerie, Fenchel, Würzpaste, Zimt und Lorbeer in eine Schüssel geben. Einen Topf erhitzen, die Hälfte des Olivenöls hineingeben und die Sellerie-Fenchel-Mischung darin 5 Minuten braun rösten. Mit Orangensaft ablöschen und den Saft um ⅔ verkochen lassen. Die Tomaten dazugeben und ohne Deckel 30 Minuten auf niedriger Flamme leicht simmern lassen.

Währenddessen den Teig für die Getreidekugeln zubereiten. Hirse und Quinoa gründlich abspülen. 3 Liter Wasser zum Kochen bringen, das Salz hineingeben und das Getreide 15 Minuten sprudelnd darin kochen lassen. Abgießen und 10 Minuten im Sieb abtropfen und ziehen lassen. In eine Schüssel geben und mit den restlichen Zutaten für die Getreidekugeln – bis auf das Öl – gründlich verkneten. 10 Minuten im Kühlschrank ruhen lassen.

Aus dem Teig mit befeuchteten Händen Kugeln mit maximal 2 Zentimeter Durchmesser formen und auf einem Brett zwischenlagern. Eine beschichtete Pfanne erhitzen, das Bratöl hineingeben und die Kugeln darin 10 Minuten gleichmäßig knusprig braten. Dabei die Pfanne immer wieder etwas rütteln und schwenken. Bei Bedarf Öl nachgießen.

Mandelmus, das restliche Olivenöl und Sojasoße unter die Tomatensoße rühren und nach Belieben mit Salz und Pfeffer abschmecken. Die Tomatensoße zu den Getreidekugeln servieren.

TIPP: Die Kugeln schmecken auch am nächsten Tag auf dem Sandwich superlecker. Oder du servierst sie als Topping zu Spaghetti mit Tomatensoße. Dazu passt dann Cashewparmesan sehr gut. Dafür 100 Gramm Cashewbruch in einer Pfanne leicht anrösten und mit 30 Gramm Hefeflocken im Mixer fein bröselig mixen.

FÜR DIE TOMATENSOSSE:

- → 3 Knoblauchzehen
- → 60 g Selleriestange, fein geraspelt
- → 140 g Fenchelknolle, mit Grün sehr fein gewürfelt
- → 30 g Basis-Würzpaste (siehe S. 23)
- → 1 gute Prise Zimtpulver
- → 2 Lorbeerblätter
- → 6 EL Olivenöl
- → 200 ml milder Orangensaft
- → 800 g stückige italienische Bio-Tomaten aus der Dose
- → 2 EL weißes Mandelmus
- → 2 EL Sojasoße
- → etwas Salz und Pfeffer zum Abschmecken

FÜR DIE GETREIDEKUGELN:

- → 100 g Goldhirse
- → 100 g Quinoa
- → 1 TL Salz
- → 70 g Zwiebeln, abgezogen und sehr fein gewürfelt
- → 120 g Reis- oder Dinkelmehl
- → je 25 g Kürbis- und Sonnenblumenkerne, gehackt
- → 5 EL Bio-Sojasoße
- → 1 EL Ahornsirup
- → 1 TL Knoblauchpulver (optional)
- → 3 Stängel Petersilie, sehr fein gehackt
- → 1 TL getrockneter Thymian
- → 1 TL schwarzer Pfeffer, frisch gemahlen
- → 1 TL geräuchertes Paprikapulver (Pimentón de la Vera)
- → 1 EL edelsüßes Paprikapulver
- → 8 EL Bratöl

FÜR 4 PERSONEN
ZUBEREITUNGSZEIT: 45 MINUTEN

PFANNEN-RÜHRTOFU

MIT KNUSPRIGEN MAULTASCHEN

FÜR DIE MAULTASCHEN:

- → 200 g Räuchertofu, mit einer Gabel fein krümelig zerdrückt
- → 100 g frischer Spinat, gehackt
- → 1 Zwiebel, abgezogen und fein gewürfelt, 70 g
- → 2 Knoblauchzehen, abgezogen und fein zerdrückt
- → 3 EL Petersilie, fein gehackt
- → 1 EL Paprikapulver
- → 1 TL getrockneter Majoran
- → 2 EL Sojasoße
- → 1 TL schwarzer Pfeffer, frisch gemahlen
- → 50 g Semmelbrösel
- → 50 g Kichererbsenmehl
- → 4 EL mildes Olivenöl
- → 1 Packung asiatisches Reispapier für Summer Rolls (aus dem Asialaden)
- → mildes Olivenöl zum Braten

FÜR DEN RÜHRTOFU:

- → 400 g weißer Bio-Tofu
- → 250 ml Gemüsebrühe
- → ½ Avocado, geschält, entkernt und zerdrückt
- → 6 EL mildes Olivenöl
- → 200 g Zwiebeln, abgezogen und fein gewürfelt
- → 50 g grüne Paprikaschote, entkernt und fein gewürfelt
- → ½ TL gemahlene Kurkuma
- → 150 g Champignons
- → 2 EL Würz-Hefeflocken
- → 2 TL Kala Namak
- → schwarzer Pfeffer, frisch gemahlen, zum Abschmecken

FÜR DAS TOPPING:

- → 4 Stängel Petersilie, fein geschnitten
- → 8 Kirschtomaten, geviertelt

FÜR 4 PERSONEN
ZUBEREITUNGSZEIT: 45 MINUTEN

Für die Maultaschen alle Zutaten bis auf das Reispapier und das Öl zum Braten mit 50 Milliliter Wasser gründlich verkneten und 10 Minuten ziehen lassen. Nach Belieben mit Salz, Pfeffer und Zitronensaft abschmecken. Der Teig muss gut zusammenhalten und knetbar sein; ist er zu feucht, mehr Semmelbrösel einarbeiten, ist er zu trocken, mehr Wasser einarbeiten.

Eine große Schüssel mit lauwarmem Wasser sowie ein großes Plastikschneidebrett bereitstellen. 1 Blatt Reispapier in das Wasser legen und je nach Temperatur und Papier 1 bis 3 Minuten quellen lassen, bis es weich und geschmeidig ist. Anschließend auf dem Brett ausbreiten.

In der unteren Hälfte eine etwa 1,5 Zentimeter dicke Schicht Teig darauf verteilen (siehe Abbildungen unten). Das Reispapier links und rechts daneben sowie darunter auf den Teig klappen und alles so nach hinten aufrollen, dass eine etwa 4 Zentimeter breite Teigtasche entsteht. Mit den restlichen Reispapierblättern ebenso verfahren, bis der Teig aufgebraucht ist. Eine große, beschichtete Pfanne erhitzen, etwas Bratöl hineingeben und die Taschen darin auf beiden Seiten knusprig braun braten. Im Ofen warm halten.

Für den Rührtofu 300 Gramm Tofu mit der Gabel in 1 bis 2 Zentimeter große Stücke krümelig zerteilen und mit 3 EL Olivenöl und dem Kurkuma vermengen. Den restlichen Tofu mit der Brühe im Mixer zu einer glatten Creme pürieren und mit der Avocado mischen. Eine große, beschichtete Pfanne erhitzen, das restliche Olivenöl hineingeben und darin den Tofu 5 Minuten scharf anbraten. Die Zwiebel dazugeben und 2-3 Minuten glasig anschwitzen. Die Pilze und Paprika untermischen und 1 Minute mitrösten. Mit dem pürierten Tofu ablöschen, die Hefeflocken dazugeben, leicht einkochen lassen und mit Kala Namak und Pfeffer abschmecken.

Die knusprigen Maultaschen diagonal durchschneiden, mit dem Rührtofu anrichten und mit Petersilie sowie Kirschtomaten garniert servieren.

GLASNUDELN
KOREAN STYLE

- → Salz
- → 250 g Glasnudeln
- → 1 ½ EL weißer Balsamicoessig
- → 4 EL Sojasoße (Tamari)
- → 6 EL geröstetes Sesamöl
- → ½ TL rosenscharfes Paprikapulver
- → 2 EL Ahornsirup
- → 1 Knoblauchzehe, abgezogen und fein gehackt
- → schwarzer Pfeffer, frisch gemahlen
- → 10 große Champignons
- → 1 rote Zwiebel, abgezogen und in Ringe geschnitten
- → 1 EL Ingwer, fein geraspelt
- → 2 große Karotten, in Julienne geschnitten
- → 1 rote Paprikaschote, entkernt und in Julienne geschnitten
- → 1 Mairübe oder 1 kleiner Rettich, geschält und in 1 cm große Würfel geschnitten
- → 1 EL Tomatenmark
- → 1 Bund Koriandergrün, fein geschnitten
- → 3 EL Sesam, geröstet
- → 3 EL Frühlingszwiebeln, fein gehackt

FÜR 2–3 PERSONEN
ZUBEREITUNGSZEIT: 25 MINUTEN

1 Liter Wasser aufkochen, 1 Teelöffel Salz hineingeben und die Glasnudeln etwa 4 Minuten ohne Hitze darin ziehen lassen. Währenddessen Essig, 2 Esslöffel Sojasoße, 2 Esslöffel Sesamöl, Paprikapulver und Ahornsirup mischen. In einer zweiten Schüssel Knoblauch, 1 gute Prise Pfeffer, 1 Esslöffel Sesamöl und die restliche Sojasoße mischen. Die Pilze darin wenden und 10 Minuten ziehen lassen.

100 Milliliter Nudelwasser abmessen, anschließend Nudeln abgießen und mit einer Schere kürzen. In eine große Schale geben und in der Ahornsirupmischung marinieren.

Eine schwere Pfanne stark erhitzen, 2 Esslöffel Sesamöl hineingeben und Zwiebeln sowie Ingwer darin 3 Minuten sehr scharf anbraten. Karotten dazugeben, 1 Minute durchschwenken und mit 1 guten Prise Salz würzen. Den Pfanneninhalt zu den Nudeln geben. Pfanne wieder auf den Herd stellen, stark erhitzen, das restliche Sesamöl hineingeben und Paprika sowie Rübenwürfel darin 1 Minute scharf anbraten. Das Tomatenmark dazugeben, 1 Minute mitrösten und mit etwas Salz und Pfeffer würzen. Mit der Hälfte des Nudelwassers ablöschen, kurz durchschwenken und Röstaromen lösen. Anschließend in eine Schale geben. Pfanne nochmals auf den Herd stellen und stark erhitzen. Die Pilzmischung darin 3 Minuten scharf anrösten, mit dem restlichen Nudelwasser ablöschen, durchschwenken, Röstaromen lösen und ebenfalls in eine Schale geben.

Die Glasnudel-Karotten-Mischung auf Tellern verteilen und die Paprika- sowie die Pilzmischung darauf anrichten. Mit Koriander, Sesam und Frühlingszwiebeln garnieren und genießen.

TIPPS: Das Ganze schmeckt am nächsten Tag kalt auch sehr lecker. Wenn keine Glasnudeln im Haus sind, einfach Reisnudeln oder normale Pasta nehmen. Im originalen Japchae werden Nudeln aus Süßkartoffelstärke verwendet. Diese ebenso wie normale Nudeln kurz in der Pfanne anbraten, mit der Marinade mischen und ziehen lassen. Ich mag gern gegrillten Brokkoli oder Blumenkohl on top, aber auch gegrillte Karotten oder Kohlrabi. Dazu das Gemüse mit etwas Kräuter-Knoblauch-Öl bepinseln und 2 bis 3 Minuten auf dem Grill oder bei 230 °C (Umluft/Obergrill) 5 bis 6 Minuten im Ofen rösten.

KOTTU ROTI
MIT CASHEW-RÜBEN-CURRY

FÜR DIE ROTIS:

- → 300 g Dinkelmehl Type 1050
- → 1 TL Salz
- → 2 EL + 4 TL neutrales Öl

FÜR DAS CURRY:

- → 1 TL natürliches Salz
- → 100 g grüne Bohnen, in 1 cm große Stücke geschnitten
- → 3 EL neutrales Bratöl
- → 1 große rote Zwiebel, abgezogen und sehr fein gewürfelt
- → 2 Knoblauchzehen, abgezogen und fein gewürfelt
- → 50 g Basis-Würzpaste (siehe S. 23)
- → 1 EL Tomatenmark
- → 2 gehäufte TL Garam Masala
- → 1 gehäufter TL mildes Currypulver
- → 200 g Mairübe oder schwarzer Rettich, geschält und in 1 cm große Würfel geschnitten
- → 1 EL Ahornsirup
- → 2 EL Zitronensaft
- → 60 g helles Cashewmus
- → 3 gehäufte EL Soja- oder Kokosjoghurt

FÜR DAS FINISH:

- → 4 EL Bratöl
- → 1 große Zwiebel, abgezogen und in Ringe geschnitten
- → 2 Karotten, in feine Julienne geschnitten
- → 1 grüne Paprikaschote, entkernt und in Julienne geschnitten

AUSSERDEM:

- → Mehl für die Arbeitsfläche

FÜR 3–4 PERSONEN
ZUBEREITUNGSZEIT:
ROTI: 30 MINUTEN ARBEITSZEIT UND 30 MINUTEN RUHEZEIT
CURRY: 20 MINUTEN ARBEITSZEIT
FINISH: 10 MINUTEN

Für die Rotis das Mehl in eine Schüssel sieben und mit dem Salz mischen. 150 Milliliter Wasser sowie 2 Esslöffel Öl dazugießen und etwa 10 Minuten lang zu einem geschmeidigen, leicht trockenen Teig kneten. In Klarsichtfolie gewickelt 30 Minuten ruhen lassen. Anschließend in 6 gleiche Teile schneiden und diese auf der bemehlten Arbeitsfläche jeweils zu 3 Millimeter dünnen Teigfladen ausrollen. Dabei immer wieder mit Mehl bestäuben, damit sie nicht festkleben. Eine große, schwere Pfanne stark erhitzen und mit etwas Öl auspinseln. Das Mehl von den Teigfladen klopfen und diese einzeln auf beiden Seiten in dem Öl anbraten, bis deutliche Röstflecken entstehen. Die Rotis auf einem Teller stapeln und mit einem leicht feuchten Tuch bedecken.

Für das Curry 1 Liter Wasser in einem kleinen Topf aufkochen, Salz dazugeben und die Bohnenstücke darin 4 Minuten garen. Abgießen, mit kaltem Wasser abschrecken und beiseitestellen. Eine große, schwere Pfanne erhitzen, das Öl hineingeben und Zwiebelwürfel, Knoblauch sowie Würzpaste darin braun rösten. Tomatenmark, Garam Masala und Currypulver dazugeben und 30 Sekunden mitrösten. Mit Wasser ablöschen und Röstaromen vom Pfannenboden lösen. Mairübenwürfel, Ahornsirup und Zitronensaft dazugeben und gut mischen. 5 Minuten sanft köcheln lassen. Cashewmus unterrühren und weitere 10 Minuten bei sehr geringer Hitze sanft köcheln lassen. Wenn alles schön eingedickt ist, mit Salz und nach Belieben mit Currypulver abschmecken und Bohnen sowie Joghurt unterrühren. Beiseitestellen.

Für das Finish immer 2 bis 3 Rotis vom Stapel nehmen, aufrollen und in 1 Zentimeter breite Streifen schneiden. Diese anschließend in etwa 1 Zentimeter große Teigfleckchen schneiden und gut durchmischen. Eine sehr große, schwere Pfanne erhitzen, das Öl hineingeben und die Zwiebelringe darin braun rösten. Die Teigfleckchen dazugeben und ebenfalls braun anrösten. Karotten und Paprikastreifen dazugeben, 1 Minute mitrösten. Zum Schluss das Curry dazugeben, gut durchmischen, kurz mitrösten und anschließend auf Teller verteilen. Nach Belieben mit Koriandergrün und Joghurt garnieren.

TIPPS: Alternativ zu den Rotis kann man auch gekaufte Tortillafladen verwenden, wenn es mal schnell gehen soll. Das Kottu Roti kommt aus Sri Lanka und ist ein superleckeres Streetfood, das man nach Lust und Laune variieren kann. Wenn man noch ein Curry vom Vortag hat, einfach das verwenden. Schmeckt aber auch toll mit Chili sin Carne, Bolognese oder Gemüseeintopf. Ich gebe auch gern etwa 50 Gramm Räuchertofu mit in die Pfanne, wenn die Teigfleckchen angebraten werden.

QUESADILLA
OHNE KÄSE

Für den Kichererbsen-Cashew-Aufstrich alle Zutaten mit dem Pürierstab glatt mixen und mit Salz abschmecken.

Für die Quesadillas die Zwiebelringe in eine Schüssel geben, den Essig dazugeben und die Zwiebelringe darin marinieren. Eine Pfanne erhitzen, etwas Olivenöl hineingeben und die Pilze darin knusprig braun braten. Mit 1 guten Prise Paprikapulver und Salz würzen.

Die Tortillafladen mit je 1 gehäuften Esslöffel Aufstrich bestreichen. Die Hälfte der Fladen mit je 3 Tomatenscheiben, etwas Koriander, 1 Esslöffel Paprikastreifen, etwas Chili, einigen Zwiebelringen, 1 bis 2 Esslöffeln Pilzen und 3 bis 4 Avocadoscheiben belegen, mit Salz und Pfeffer würzen, 1 weiteren Esslöffel Aufstrich darüberträufeln und mit den restlichen Tortillafladen bedecken (Aufstrich nach innen).

Die Quesadillas in zwei Pfannen ohne Öl von beiden Seiten knusprig braun braten und stapeln oder im Ofen warm halten. Mit einem scharfen Messer vierteln und mit den Händen essen.

FÜR DEN KICHERERBSEN-CASHEW-AUFSTRICH:

- → 10 EL Cashewmus, 200 g
- → 200 ml milde Brühe
- → 5 EL Limettensaft
- → 5 TL Dijonsenf
- → 5 TL helle Misopaste
- → 20 g Würz-Hefeflocken
- → 5 TL Meersalz
- → 50 g Kichererbsen, gekocht

FÜR DIE QUESADILLAS:

- → 1 rote Zwiebel, abgezogen und in feine Ringe geschnitten
- → 2 EL weißer Balsamicoessig
- → Olivenöl
- → 10–12 große Champignons, in hauchdünne Scheiben geschnitten
- → geräuchertes Paprikapulver
- → Salz
- → 10 Vollkorn- oder Mais-Tortillafladen
- → 2 reife Tomaten, in dünne Scheiben geschnitten
- → 1 Bund Koriander, fein gehackt
- → 1 grüne Paprikaschote, entkernt und in feine Streifen geschnitten
- → 2 milde grüne Chilischoten, entkernt und in feine Streifen geschnitten
- → 3 reife Avocados, geschält, entkernt und in dünne Scheiben geschnitten
- → schwarzer Pfeffer, frisch gemahlen

FÜR 3–4 PERSONEN
ZUBEREITUNGSZEIT: 20 MINUTEN

UMAMI TACOS

FÜR DIE TORTILLAS:

- → 120 g Dinkelmehl Type 630
- → 30 g Tapiokastärke
- → 1 TL Salz
- → 1 EL Olivenöl

FÜR DIE CHORIZO:

- → 1 EL Bratöl
- → 200 g vegane Chorizo, grob zerkrümelt; alternativ Tempehchorizo (siehe Tipp)
- → 100 g Zwiebeln, abgezogen und fein gewürfelt
- → 2 EL BBQ-Soße
- → natürliches Salz
- → schwarzer Pfeffer, frisch gemahlen

FÜR DEN RETTICHSCHNEE:

- → 200 g weißer Rettich, geschält
- → 1 EL weißer Balsamicoessig
- → 1 TL Ahornsirup

FÜR DIE GUACAMOLE:

- → 1 große, reife Avocado, geschält, entkernt und mit der Gabel zerdrückt
- → 2–3 EL Limettensaft
- → 1 TL Ahornsirup
- → ½ TL natürliches Salz
- → schwarzer Pfeffer, frisch gemahlen
- → 2 Essiggurken, sehr fein gewürfelt

FÜR DIE SALSA:

- → 2 saftige, reife Tomaten, entkernt und in 0,5 cm große Würfel geschnitten
- → 1 Schalotte, abgezogen und fein gewürfelt
- → 4 EL Koriandergrün, fein geschnitten
- → 1 kleiner, süß-säuerlicher Bio-Apfel, entkernt und in 0,5 cm große Würfel geschnitten
- → 1 kleine, mittelscharfe rote Chilischote, entkernt und in feine Würfel geschnitten
- → 3 EL Limettensaft
- → 3 EL Kokosflocken
- → 1 EL Olivenöl

FÜR DIE BROKKOLINI:

- → 200 g kleine Brokkoliröschen
- → 1 EL Olivenöl
- → natürliches Salz

AUSSERDEM:

- → Mehl für die Arbeitsfläche

FÜR 5 TACOS
ZUBEREITUNGSZEIT: 30 MINUTEN

Für die Tortillas Mehl, Tapioka und Salz mischen. 75 Milliliter heißes Wasser sowie Öl dazugeben, mit der Gabel vermischen und in 10 Minuten zu einem homogenen, nicht klebrigen Teig kneten. In Klarsichtfolie gewickelt 30 Minuten in den Kühlschrank geben.

Für die Chorizo eine Pfanne stark erhitzen, das Öl hineingeben und Chorizohack sowie Zwiebelwürfel 2 bis 3 Minuten darin knusprig rösten. BBQ-Soße dazugeben, gut durchmischen, 2 Minuten bei mittlerer Hitze ziehen lassen und anschließend vom Herd nehmen. Mit Salz und Pfeffer abschmecken. Warm halten.

Für den Rettichschnee den Rettich auf einer sehr feinen Reibe zu weißem, luftigem Schnee raspeln. Kurz vor dem Servieren mit den restlichen Zutaten mischen.

Für die Guacamole alle Zutaten mischen. Mit Salz, Pfeffer und Limettensaft abschmecken. Den Kern mit in die Guacamole geben; dieser sorgt dafür, dass das Fruchtfleisch nicht so schnell unansehnlich braun wird. Zugedeckt kalt stellen. Für die Salsa ebenfalls alle Zutaten mischen.

Den Tortillateig auf der bemehlten Arbeitsfläche 2 Millimeter dünn ausrollen und beispielsweise mit einer Schüssel Kreise von etwa 16 Zentimeter Durchmesser ausstechen. Den restlichen Teig wieder ausrollen und so weiterverfahren, bis der Teig aufgebraucht ist. Die Fladen in einer schweren Pfanne ohne Öl von beiden Seiten ausbacken, bis deutlich schwarze Röststellen zu sehen sind. Tortillas stapeln und in ein leicht feuchtes Tuch einschlagen, sodass die knusprigen Fladen wieder weich werden.

Für die Brokkolini den Brokkoli in einem Topf mit Dämpfeinsatz in 3 Minuten bissfest dämpfen und mit Olivenöl und Salz würzen.

Die Tortillafladen mit Guacamole, Rettichschnee, Brokkolini, Salsa und Chorizo füllen und genießen.

TIPP: Für die Tempehchorizo eine Pfanne erhitzen, 2 Esslöffel Bratöl hineingeben und je 100 Gramm Tempeh- sowie Tofuhack darin 3 bis 4 Minuten knusprig braun braten. 1 Esslöffel Tomatenmark dazugeben und 1 Minuten mitrösten. 1 Teelöffel geräuchertes Paprikapulver, 1 Teelöffel rosenscharfes Paprikapulver, ½ Teelöffel gemahlene Fenchelsamen und 2 Esslöffel Sojasoße dazugeben, gut durchmischen und ebenfalls 1 Minute mitrösten. Vom Herd nehmen und wie oben beschrieben weiterverarbeiten.

KARTOFFEL-PUFFERTURM
MIT SPARGELBÉCHAMEL

Die Kartoffelraspel mit Kichererbsenmehl, 1 Esslöffel Dinkelmehl, Meersalz, Rosmarin und Pfeffer gut verkneten. Die Spargelstangen im 45-Grad-Winkel jeweils in 3 Stücke schneiden.

Eine große Pfanne stark erhitzen, 1 Esslöffel Bratöl hineingeben und jeweils 2 Esslöffel Kartoffelmischung hineinsetzen. Mit dem Löffel zu etwa 4 Zentimeter großen und 1 Zentimeter dicken kleinen Kartoffelpuffern formen. Bei mittlerer Hitze von beiden Seiten je 5 Minuten goldbraun ausbacken. So fortfahren, bis der Teig aufgebraucht ist. Die Kartoffelpuffer im Ofen warm halten.

Parallel dazu eine Pfanne erhitzen, das restliche Bratöl hineingeben und Spargel sowie Zimt darin 2 Minuten anbraten. Mit Sojadrink ablöschen. Zimtstange entfernen, das Salz dazugeben und alles 4 Minuten köcheln lassen. Spargel abgießen, dabei den Spargel-Sojadrink auffangen. Spargel zugedeckt warm halten. Den Spargel-Sojadrink mit Margarine und 80 Gramm Dinkelmehl im Mixer zu einer glatten Soße pürieren. Zurück in die Pfanne geben und 10 Minuten sanft einkochen. Tomatenhälften dazugeben, mischen und mit Salz abschmecken.

Immer abwechselnd 1 Kartoffelpuffer und 3 Spargelstücke zu einem kleinen Türmchen aufschichten. Mit der Soße beträufeln und genießen.

- → 400 g festkochende Kartoffeln, geschält und grob geraspelt
- → 30 g Kichererbsenmehl
- → 1 EL + 80 g Dinkelmehl
- → 1 TL Meersalz
- → 1 TL frischer Rosmarin, gehackt
- → ½ TL schwarzer Pfeffer, frisch gemahlen
- → 12 Stangen grüner Spargel, im unteren Drittel geschält
- → 3 EL Bratöl
- → 1 Zimtstange
- → 600 ml Sojadrink
- → 2 TL Salz
- → 200 g vegane Margarine
- → 6 Kirschtomaten, halbiert

FÜR 2–3 PERSONEN
ZUBEREITUNGSZEIT: 30 MINUTEN

BANH XEO
VIETNAMESISCHE REISPFANNKUCHEN

FÜR DEN TEIG:

→ 200 g weißes Reismehl
→ 200 ml Kokosmilch
→ 1 TL Salz
→ ½ TL gemahlene Kurkuma
→ ½ TL Agavendicksaft
→ 40 g weißer Tofu
→ 30 g Tapiokastärke

FÜR DEN BELAG:

→ 3 EL Bratöl
→ 1 TL geröstetes Sesamöl
→ 250 g weißer Tofu, in 4 cm lange und 1 cm breite Streifen geschnitten
→ 3 EL Ketjap Manis (süße indonesische Sojasoße)
→ 1 TL Salz
→ Chilipulver
→ 150 g Karotten, in feine Streifen geschnitten
→ 100 g Chinakohl, in feine Streifen geschnitten
→ 1 EL weißer Essig
→ ½ TL rosenscharfes Paprikapulver
→ 1 TL Ahornsirup
→ 40 g Sprossen
→ je 4 EL Minze, Koriander und Zitronenmelisse, fein geschnitten
→ 80 g Paprikaschote, in Julienne geschnitten
→ 80 g Salatgurke, in Julienne geschnitten
→ 50 g Eisbergsalat, fein geschnitten

FÜR DIE SOSSE:

→ 1 TL Kartoffelstärke
→ 4 EL Ahornsirup
→ 1 kleine Knoblauchzehe, abgezogen und fein gerieben
→ 1 frische Thai-Chilischote, entkernt und fein geschnitten
→ 3 EL Sojasoße
→ 2 EL Limettensaft
→ 2 EL Reisessig
→ 50 g Karotte, in sehr feine Julienne geschnitten

AUSSERDEM:

→ Kokosöl zum Ausbacken

FÜR 4 PFANNKUCHEN
ZUBEREITUNGSZEIT: 35 MINUTEN

Für den Teig alle Zutaten mit 200 Milliliter Wasser mit dem Stabmixer oder im Mixer glatt pürieren und 10 Minuten ziehen lassen.

Für den Belag eine Pfanne erhitzen, Brat- und Sesamöl hineingeben und den Tofu darin 6 bis 8 Minuten bei starker Hitze knusprig braun braten. Ketjap Manis, Salz und etwas Chilipulver dazugeben, gut durchmischen und 30 Sekunden mitbraten. Vom Herd nehmen und ziehen lassen. Karotten- und Chinakohlstreifen mit Essig, Paprikapulver und Ahornsirup mischen. Salzen, gut durchkneten und ebenfalls ziehen lassen.

Für die Soße 100 Milliliter warmes Wasser mit der Stärke verrühren und kurz aufkochen. Die restlichen Zutaten dazugeben und ziehen lassen.

Eine Pfanne erhitzen und die Pfannkuchen portionsweise in je 1 Esslöffel Kokosöl dünn und knusprig ausbacken. Stapeln und warm halten. Wenn alle Pfannkuchen ausgebacken sind, auf Teller geben und mit Karotten-Chinakohl-Mischung, Sprossen, Kräutern, Paprika- und Gurkenjulienne, Eisbergsalat sowie knusprigem Tofu belegen. Mit etwas Soße beträufeln und zusammenklappen. Die restliche Soße dazu servieren.

TIPP: Statt gekauftem weißem Reismehl kann man auch im Hochleistungsmixer fein pulverisierten und anschließend durchgesiebten Jasminreis verwenden.

BLT-TEMPEH
SANDWICH

Für die Rouille die Kartoffeln weich kochen und abgießen. Die Paprika mit der Haut nach oben unter den Backofengrill legen, bis die Haut schwarz ist. Aus dem Ofen nehmen, mit einem feuchten Küchenpapier bedecken und einige Minuten ruhen lassen. Nun die Haut mit einem kleinen Messer abziehen und das Paprikafruchtfleisch mit den restlichen Zutaten außer Kartoffeln im Mixer zu einer glatten Creme pürieren. Kartoffeln stampfen und unter die Creme ziehen. Mit Salz, Cayennepfeffer und Zitronensaft abschmecken, kalt stellen.

Für die Balsamicozwiebeln eine Pfanne erhitzen, etwas Öl hineingeben und die Zwiebelringe darin bei mittlerer Hitze dunkelbraun rösten. Mit Essig ablöschen und mit Salz und Pfeffer abschmecken.

Für den Tempeh eine Pfanne erhitzen, das Öl hineingeben und die Tempehstreifen darin knusprig braten. Mit Paprikapulver würzen, kurz mitbraten und vom Herd nehmen. Mit Salz und Pfeffer abschmecken.

Die Brotscheiben mit etwas Olivenöl in der Pfanne auf beiden Seiten knusprig braten. 4 Scheiben mit je 1 Esslöffel Senf bestreichen, die restlichen 4 mit je 1 Esslöffel Rouille. Auf den Senfscheiben einige knusprige Tempehstreifen sowie Tomatenscheiben, Salatblätter, Rucola und Balsamicozwiebeln verteilen. Mit der Rouillescheibe bedecken und etwas zusammendrücken. Mit einem scharfen Messer halbieren und mit Zahnstochern fixieren.

FÜR DIE ROUILLE:

- → 100 g mehligkochende Kartoffeln, geschält
- → 100 g rote Paprikaschote, entkernt
- → 1 kleine Knoblauchzehe, abgezogen
- → 25 g weißes Cashewmus
- → 100 g mildes Olivenöl
- → 100 ml Pflanzendrink
- → 3 EL Zitronensaft
- → 1 TL natürliches Salz
- → ½ TL Cayennepfeffer

FÜR DIE BALSAMICOZWIEBELN:

- → Öl zum Braten
- → 2 große rote Zwiebeln, abgezogen und in Ringe geschnitten
- → 2 EL Balsamicoessig
- → Salz
- → schwarzer Pfeffer, frisch gemahlen

FÜR DEN TEMPEH:

- → 3 EL neutrales Bratöl
- → 200 g Lupinen- oder Soja-Tempeh, in 2 Millimeter dünne Streifen geschnitten
- → 1 TL geräuchertes Paprikapulver
- → Salz
- → schwarzer Pfeffer, frisch gemahlen

AUSSERDEM:

- → 8 große Scheiben helles Bauernbrot
- → 2 EL Olivenöl
- → 4 EL Dijonsenf
- → 2 Tomaten, in Scheiben geschnitten
- → 1 Romanasalatherz, in Blätter geteilt
- → 50 g Rucola

FÜR 4 SANDWICHES
ZUBEREITUNGSZEIT: 25 MINUTEN

FÜR DIE RUMROSINEN:

- 100 g Rosinen
- 4 EL Rum

FÜR DEN TEIG:

- 1 gute Prise gemahlene Kurkuma
- 200 g reife Bananen, geschält und in 2 cm große Stücke geschnitten
- 200 ml Soja-Pflanzendrink
- 4 EL Ahornsirup
- 4 EL neutrales Bratöl
- 120 g Dinkelmehl Type 630
- 30 g Kartoffelstärke
- 4 gestrichene TL Backpulver
- ¼ TL natürliches Salz

FÜR DIE KOKOSSAHNE:

- 1 Dose Kokosmilch, über Nacht im Kühlschrank gelagert
- 1 TL Sahnesteif
- 1 EL Ahornsirup

FÜR DEN APFELRÖSTER:

- 1 EL Kokosöl
- 2 EL Ahornsirup
- 1 Messerspitze Ingwer, gerieben
- 3 große, süß-säuerliche Äpfel, geschält, entkernt und gewürfelt

AUSSERDEM:

- 4 EL Bratöl
- 6 EL Puderzucker

FÜR 2–3 PERSONEN
ZUBEREITUNGSZEIT: 30 MINUTEN

KAISERLICHER BANANEN-SCHMARRN

MIT APFELRÖSTER

Für die Rumrosinen die Rosinen mit 6 Esslöffel Wasser und dem Rum kurz aufkochen und 10 Minuten quellen lassen.

Für den Teig Kurkuma, Banane, Soja-Pflanzendrink, Ahornsirup und Öl im Mixer glatt mixen. Mehl, Stärke, Backpulver und Salz verrühren und durch ein Sieb streichen. Mit der Bananenmasse mit einem Schneebesen zu einem klümpchenfreien Teig schlagen.

2 kleine beschichtete Pfannen mit 20 Zentimeter Durchmesser erhitzen. Jeweils 2 Esslöffel Bratöl hineingeben und die Hälfte des Teigs etwa 3 Zentimeter hoch hineingießen. Die Rumrosinen einstreuen. Die Hitze reduzieren und die Pfannen mit einem Deckel verschließen. Den Schmarrn 5 Minuten backen. Anschließend mithilfe des Deckels wenden und weitere 5 Minuten backen. Ganz auf 2 Teller geben und 5 bis 10 Minuten abkühlen lassen.

Währenddessen für die Kokossahne das Fett der Kokosmilch abschöpfen und in eine Schüssel geben. Mit Sahnesteif und Ahornsirup luftig schlagen. In den Kühlschrank stellen.

Für den Apfelröster einen kleinen Topf erhitzen, Öl und Sirup hineingeben und den Sirup leicht karamellisieren. Ingwer dazugeben, kurz mitrösten, dann die Apfelwürfel dazugeben. Diese ebenfalls kurz mitrösten. Anschließend zugedeckt kurz aufkochen und dann ohne Hitze ziehen lassen.

Den Schmarrn mit 2 Gabeln in etwa 3 Zentimeter große Stücke reißen. Die kleinen Pfannen erneut erhitzen. Die Hälfte des Puderzuckers hineingeben und die Schmarrnfetzen darin 2 Minuten karamellisieren. Auf Teller geben, mit dem restlichen Puderzucker bestäuben und mit Kokossahne und Apfelröster servieren.

INFO: Das mit dem veganen Kaiserschmarrn ist ja so eine Sache. Ich habe da schon viele Stunden Arbeit reingesteckt, und das Ergebnis kam bisher nie dem originalen Kaiserschmarrn gleich. Leider haben auch die Rezepte, die von veganem Kaiserschmarrn so kursieren, hinsichtlich Konsistenz und Geschmack mit dem Original nichts zu tun. Der Kaiserschmarrn muss luftig-locker sein und gleichzeitig einen schönen Flex haben. Der Durchbruch kam mit einem meiner Kochkollegen: Stefan Riepl, einem Küchenmeister aus Österreich. Bei einem Gastrotraining bereitete er einen Teig mit Banane für eine Biskuitbasis zu, die mich in Sachen Flex und Leichtigkeit sofort an den Schmarrn erinnert hat. Die habe ich zu Hause gleich abgewandelt, und so ist dieses Rezept entstanden. Der Bananengeschmack ist auch nicht original, aber die Konsistenz ist der Knaller. Danke, Stefan!

FRITTIERT

JAPANISCHE
KOROKKE

Für den Teig am Vortag die Kartoffeln in gut gesalzenem Wasser in rund 25 Minuten weich kochen. Abgießen und durch eine Presse drücken. Ausdampfen und auskühlen lassen und zugedeckt kühl stellen.

Am nächsten Tag die Pilze mit der Küchenmaschine zu Hack verarbeiten. Alternativ grob raspeln oder hacken. Eine beschichtete Pfanne erhitzen, das Öl hineingeben und Zwiebeln sowie Pilze darin etwa 10 Minuten kräftig anbraten, bis deutlich Röstfarbe zu sehen ist. Falls die Mischung zu dunkel wird, mit einem kleinen Schluck Wasser ablöschen, Röstaromen lösen und weiter bei maximaler Hitze anbraten. Mit Meersalz, Paprikapulver und Pfeffer würzen. Mit Essig abschmecken, Reismehl dazugeben, gut durchmischen und die Mischung beiseitestellen.

Für die Panade die Basis-Würzpaste mit 180 Milliliter Wasser verrühren und mit dem Kichererbsenmehl im Mixer glatt pürieren. Ziehen lassen.

Den Kartoffelbrei vom Vortag mit der Pilzmischung gut vermengen und auf einem Teller ausgebreitet zum Auskühlen 10 bis 20 Minuten in den Kühlschrank stellen. Den Teig anschließend zu etwa 4 Zentimeter großen Kugeln rollen und diese leicht flach drücken. Sie sollten etwa 1,5 Zentimeter hoch sein. Nun eine Panierstraße aufbauen: eine Schüssel mit Mehl, eine Schüssel mit Panade und eine Schüssel mit Semmelbröseln. Die Teiglinge zuerst mit Mehl bestäuben, dann durch die Panade ziehen und schließlich vorsichtig in den Bröseln wenden und diese leicht andrücken. Wichtig: Die Brösel müssen gleichmäßig verteilt sein, sonst platzen die Korokken beim Frittieren auf. Für die Soße alle Zutaten im Mixer glatt pürieren.

Das Öl zum Frittieren in einem kleinen Topf erhitzen, bis an einem Holzkochlöffel kräftig Bläschen aufsteigen, wenn man diesen ins Fett hält. Die Teiglinge im heißen Fett etwa 4 Minuten goldbraun und knusprig frittieren. Erst eine Test-Korokke machen, um zu sehen, ob sie hält; je nach Kartoffelsorte kann der Teig brüchiger sein. Wenn die Korokke auseinanderfällt, mehr Mehl einarbeiten. Die fertigen Korokken etwas abkühlen lassen und mit der Soße genießen.

INFO: Korokken sind die japanische Variante der Kroketten, sie stellen allerdings eine eigenständige Mahlzeit dar. Man kann sie kalt oder warm genießen.

TIPP: Wenn man alles am gleichen Tag machen möchte, muss man die fertige Kartoffel-Pilz-Masse für mindestens 4 Stunden in den Kühlschrank geben, sonst fallen die Korokken beim Frittieren auseinander.

FÜR DEN TEIG:

→ 500 g mehligkochende Kartoffeln, geschält
→ Salz
→ 200 g Champignons oder Seitlinge
→ 4 EL Bratöl
→ 150 g Zwiebeln, abgezogen und fein gewürfelt
→ 1 TL Meersalz
→ ½ TL geräuchertes Paprikapulver
→ 1 TL schwarzer Pfeffer, frisch gemahlen
→ 1 TL weißer Essig
→ 80 g Reismehl oder 60 g Dinkelmehl

FÜR DIE PANADE:

→ 1 TL Basis-Würzpaste (siehe S. 23)
→ 80 g Kichererbsenmehl

FÜR DIE SOSSE:

→ 50 g Sojasoße
→ 20 g Misopaste oder Würz-Hefeflocken
→ 1 Apfel, geschält, entkernt und im Topf weich gekocht
→ 2 EL Ahornsirup
→ 3 EL Reisessig
→ 4 EL geröstetes Sesamöl
→ 1 kleine Knoblauchzehe, abgezogen
→ 1 TL getrockneter Thymian
→ 1 gute Prise Zimtpulver
→ 1 gute Prise Muskatnuss, frisch gerieben
→ 2 cm Ingwer, geschält und fein gerieben

AUSSERDEM:

→ 100 g Mehl
→ 100 g Semmelbrösel – am besten Panko-Brösel (japanisches helles Paniermehl)
→ 1 l Öl zum Frittieren

FÜR 2–3 PERSONEN
ZUBEREITUNGSZEIT: 30 MINUTEN

DINKEL-SAMOSAS
MIT PAPRIKA-KARTOFFEL-FÜLLUNG

FÜR DIE FÜLLUNG:

- → 300 g mehligkochende Kartoffeln
- → Salz
- → 3 EL geröstetes Sesamöl
- → 1 mittelgroße Zwiebel, abgezogen und fein gewürfelt
- → 50 g Selleriestange, fein gewürfelt
- → 50 g grüne Paprikaschote, entkernt und fein gewürfelt
- → 1 TL rosenscharfes Paprikapulver
- → 1 TL gemahlene Kurkuma
- → 2 TL gemahlener Kreuzkümmel
- → 2 TL Garam Masala
- → 1 TL Knoblauchpulver
- → 2 TL natürliches Salz

FÜR DEN TEIG:

- → 130 g Dinkelmehl Type 630
- → 2 EL geröstetes Sesamöl
- → ½ TL Salz

FÜR DAS CHUTNEY:

- → 1 EL neutrales Öl
- → Samen von 5 Kardamomkapseln
- → ½ TL Zimtpulver
- → 2 TL Ingwer, geschält und fein gehackt
- → 2 EL Ahornsirup
- → 1 Salatgurke, geschält und in feine Julienne geschnitten
- → Saft von 1 Orange
- → 3 EL weißer Essig
- → 1 süß-säuerlicher Bio-Apfel, entkernt und mit Schale in feine Julienne geschnitten
- → 1 TL Misopaste
- → Salz und Essig zum Abschmecken
- → 4 Minzblätter, fein gehackt

AUSSERDEM:

- → Mehl für die Arbeitsfläche
- → 1 l Öl zum Frittieren

FÜR CA. 6 SAMOSAS
ZUBEREITUNGSZEIT: 45 MINUTEN

Für die Füllung die Kartoffeln in gesalzenem Wasser mit Schale 30 Minuten gar kochen. Währenddessen eine schwere Pfanne erhitzen, das Öl hineingeben und die Zwiebel-, die Sellerie- sowie die Paprikawürfel darin kräftig anrösten, bis deutliche Röstfarbe entsteht. Mit Paprikapulver, Kurkuma, Kreuzkümmel, Garam Masala und Knoblauchpulver bestäuben und 30 Sekunden mitrösten. Vom Herd nehmen und ziehen lassen.

Für den Teig alle Zutaten mit 60 Milliliter Wasser 5 bis 10 Minuten zu einer homogenen Masse kneten. In Klarsichtfolie gewickelt mindestens 15 Minuten ruhen lassen. Die Kartoffeln abgießen, kurz kalt abschrecken, pellen und grob zerstampfen. Etwas ausdampfen lassen und die Pfannenmischung dazugeben, gut vermengen und mit Salz würzen. Die Mischung auf einem Teller ausbreiten und auskühlen lassen.

Den Teig in 4 Stücke teilen und diese zu Kugeln rollen. Die Kugeln auf der bemehlten Arbeitsfläche zu etwa 3 Millimeter dünnen Kreisen ausrollen. Die Kreise exakt in der Mitte durchschneiden, sodass zwei Halbkreise entstehen. Die Samosas falten (siehe Abbildungen unten), die Füllung hineingeben und gut zudrücken.

Für das Chutney das Öl in einer schweren Pfanne erhitzen und Kardamomsamen, Zimt sowie Ingwer darin 30 Sekunden anrösten. Ahornsirup dazugeben und 20 Sekunden karamellisieren. Gurkenjulienne dazugeben, durchschwenken, mit Orangensaft und Essig ablöschen und 3 Minuten köcheln lassen. Apfeljulienne dazugeben, kurz aufkochen und zugedeckt 10 Minuten ziehen lassen. Misopaste unterrühren und mit Salz und Essig abschmecken. Die Minzblätter unterheben und alles lauwarm oder kalt abkühlen lassen.

Das Öl zum Frittieren in einem kleinen Topf erhitzen, bis es an einem hineingehaltenen Holzkochlöffel gleichmäßig kräftig Blasen wirft. Die Samosas in dem Fett knusprig frittieren, bis sie eine schöne, goldgelbe Farbe bekommen haben. Aus dem Fett nehmen und auf einem Küchentuch abtropfen lassen. Das Chutney dazu servieren.

BLUMENKOHL
& TOFU IM BACKTEIG

→ 400 g weißer Bio-Tofu, ausgepresst und in 3 cm große Rauten geschnitten
→ 1 mittelgroßer Blumenkohl, in 4 cm große Röschen geteilt
→ 2 EL Sojasoße (Tamari)
→ 1 EL edelsüßes Paprikapulver
→ 1 TL rosenscharfes Paprikapulver

FÜR DEN BACKTEIG:

→ 160 g Dinkelmehl Type 630
→ 20 g Kichererbsenmehl
→ 1 TL Salz
→ 2 TL Backpulver
→ ½ TL gemahlener Kreuzkümmel
→ 250 ml dunkles Bier oder Malzbier

FÜR DEN INGWER-SESAM-DIP:

→ 2 EL geröstetes Sesamöl
→ 2 EL weißer Essig
→ 2 EL Ahornsirup
→ 1 TL Ingwer, geschält und gerieben
→ 1 Knoblauchzehe, abgezogen und gerieben
→ 2 EL Sojasoße (Tamari)
→ ½ TL rosenscharfes Paprikapulver
→ 1 gute Prise Anispulver
→ 6 EL vegane Mayonnaise, z. B. von VITAM®

FÜR DAS DRESSING:

→ 6 EL Olivenöl
→ 3 EL Zitronensaft
→ Salz und Pfeffer
→ 1 TL Senf
→ 1 EL Ahornsirup
→ 1 TL Salzkapern
→ 6 EL Birnensaft

AUSSERDEM:

→ 1 l Öl zum Frittieren
→ 4 Romanasalatherzen, längs geviertelt
→ 1 Bio-Karotte, grob geraspelt
→ 1 Handvoll Kräuter, z. B. Basilikum, Petersilie und Rucola, grob geschnitten
→ 10 Kirschtomaten, halbiert

FÜR 3–4 PERSONEN
ZUBEREITUNGSZEIT: 35 MINUTEN

Tofurauten und Blumenkohlröschen mit Sojasoße und Paprikapulver würzen, gut mischen und 10 Minuten ziehen lassen.

Währenddessen für den Backteig Dinkel- und Kichererbsenmehl sowie Salz, Backpulver und Kreuzkümmel mischen und anschließend mit dem Bier zu einem glatten Teig verarbeiten. 5 Minuten ruhen lassen.

Für den Ingwer-Sesam-Dip alle Zutaten bis auf die Mayonnaise mischen, in einen Topf geben und um die Hälfte einkochen. Auskühlen lassen und mit der Mayonnaise mischen. Kalt stellen.

Für das Dressing alle Zutaten mit dem Pürierstab glatt mixen. Nach Belieben mit Salz, Pfeffer und Zitronensaft abschmecken.

Das Öl zum Frittieren in einem kleinen Topf erhitzen, bis es an einem hineingehaltenen Holzkochlöffel gleichmäßig kräftig Blasen wirft. Tofu und Blumenkohlröschen durch den Backteig ziehen und in dem Öl nacheinander knusprig braun frittieren. Auf einem Küchentuch abtropfen lassen.

Salatherzen, Karottenraspel, Kräuter und Tomaten auf einer großen Servierplatte verteilen und mit dem Dressing beträufeln. Frittierten Tofu und Blumenkohl darauf anrichten und den Ingwer-Sesam-Dip darüberträufeln.

TIPP: Das Bratöl nach dem Frittieren bitte nicht gleich entsorgen. Ich lasse es auskühlen und filtere es anschließend mit einem feinen Küchensieb. Dann gebe ich es zurück in die Flasche und bewahre es bis zur Wiederverwendung im Kühlschrank auf. Je nachdem, was man frittiert, kann man das Öl bis zu 6 Mal verwenden.

AVOCADO-WEDGES
MIT MISODIP

FÜR DIE PANADE:

→ 1 TL Basis-Würzpaste (siehe S. 23)
→ 80 g Kichererbsenmehl

FÜR DEN MISODIP:

→ 1 EL helle Bio-Misopaste, 10 g, z. B. Lupinenmiso von Schwarzwaldmiso®
→ 1 ½ TL Dijonsenf
→ 2 cm Ingwer, geschält und gewürfelt
→ 2 TL Ahornsirup
→ 1 kleine Knoblauchzehe, abgezogen
→ 6 EL natives Olivenöl
→ 1 TL Salzkapern, 8 g
→ 3 EL Limettensaft
→ 1 TL vegane Worcestershiresoße
→ 30 g weißes Mandelmus
→ 1 TL natürliches Salz
→ 50 ml milde Gemüsebrühe

AUSSERDEM:

→ 3 reife, aber noch leicht feste Avocados
→ 100 g Reis- oder ein anderes Mehl
→ 100 g Semmelbrösel, optimal Panko-Brösel
→ 1 l Öl zum Frittieren
→ Zimt- und Paprikapulver (optional)

FÜR 3–4 PERSONEN
ZUBEREITUNGSZEIT: 30 MINUTEN

Für die Panade die Basis-Würzpaste mit 180 Milliliter Wasser verrühren und mit dem Kichererbsenmehl zu einem glatten Teig mixen. Ziehen lassen.

Für den Misodip alle Zutaten im Mixer glatt pürieren und mit Limettensaft, Ahornsirup sowie Salz abschmecken. Kalt stellen.

Die Avocados halbieren, entkernen und die Hälften dritteln, sodass jeweils 6 – insgesamt 18 – längliche Spalten entstehen. Schale abziehen. Eine Panierstraße aufbauen: eine Schüssel mit Reis- oder einem anderen Mehl, eine Schüssel mit Panade und eine Schüssel mit Semmelbröseln. Die Avocadospalten zuerst mit Mehl bestäuben, dann durch die Panade ziehen und schließlich vorsichtig in den Semmelbröseln wenden und diese leicht andrücken. Auf einem Brett sammeln.

Das Öl zum Frittieren in einem kleinen Topf erhitzen, bis an einem hineingehaltenen Holzkochlöffel gleichmäßig und kräftig Bläschen aufsteigen. Die Avocado-Wedges im heißen Fett 3 bis 6 Minuten goldbraun und knusprig frittieren. Auf einem Küchentuch abtropfen lassen, nach Belieben mit Zimt- und Paprikapulver bestäuben und den Misodip darüberträufeln oder dazu reichen.

TIPP: Die Wedges schmecken auch auf Salat super oder mit Kartoffelpüree und Soße.

SPITZPAPRIKA
PANIERT & GEFÜLLT

Für die Panade die Basis-Würzpaste mit 180 Milliliter Wasser verrühren und mit dem Kichererbsenmehl zu einem glatten Teig mixen. Ziehen lassen.

Für die Füllung Kartoffeln in gut gesalzenem Wasser etwa 25 Minuten weich kochen. Abgießen und durch eine Presse drücken. Eine beschichtete Pfanne erhitzen und das Öl hineingeben. Zwiebelwürfel, Kreuzkümmel, Kurkuma und Ingwer darin 1 bis 2 Minuten kräftig anbraten, bis deutlich Röstfarbe zu sehen ist. Wenn der Röstansatz am Boden zu früh dunkel wird, mit einem kleinen Schluck Wasser ablöschen, Röstaromen lösen und weiter bei maximaler Hitze anbraten. Zum Schluss mit Meersalz, Misopaste und Peperoni würzen, TK-Erbsen dazugeben und alles vorsichtig mit der Kartoffelmasse vermengen. Mit Pfeffer abschmecken.

Die Spitzpaprika am Strunk abschneiden und entkernen, sodass die Hülle ganz bleibt. Bei 220 °C etwa 10 Minuten im Ofen rösten. Häuten und auskühlen lassen. 2 Spitzpaprika für die Soße beiseitelegen. Die restlichen mit dem Kartoffelteig füllen. Die Öffnung etwas zusammendrücken, sodass diese etwas flacher ist und zusammenklebt.

Für die Soße die beiden gerösteten und gehäuteten Spitzpaprika mit Cashewmus, Essig, Knoblauch und Olivenöl im Mixer glatt pürieren. Mit Salz, Essig und Pfeffer abschmecken.

Eine Panierstraße aufbauen: eine Schüssel mit Mehl, eine Schüssel mit Panade und eine Schüssel mit Semmelbröseln. Die gefüllten Paprika zuerst mit Mehl bestäuben, dann durch die Panade ziehen und schließlich vorsichtig in den Semmelbröseln wenden und diese leicht andrücken. Wichtig: Gerade an der Öffnung muss genau gearbeitet werden, damit sie nicht aufplatzt. Um sicherzugehen, kann man sie auch mit einem Zahnstocher fixieren. Die Schoten auf ein Brett legen.

Das Öl zum Frittieren in einem kleinen Topf erhitzen, bis an einem hineingehaltenen Holzkochlöffel gleichmäßig und kräftig Bläschen aufsteigen. Die Paprikaschoten im heißen Fett etwa 4 Minuten goldbraun und knusprig frittieren. Erst eine Testpaprika frittieren, um zu sehen, ob die Panade hält. Hält sie nicht, doppelt panieren. Paprika etwas abkühlen lassen und mit der Soße und nach Belieben mit einem großen Salat genießen.

FÜR DIE PANADE:

- → 1 TL Basis-Würzpaste (siehe S. 23)
- → 80 g Kichererbsenmehl

FÜR DIE FÜLLUNG:

- → 500 g mehligkochende Kartoffeln, geschält
- → Salz
- → 4 EL Olivenöl
- → 150 g Zwiebeln, abgezogen und fein gewürfelt
- → 1 TL Kreuzkümmelsamen
- → 1 TL gemahlene Kurkuma
- → 1 TL Ingwer, geschält und sehr fein gewürfelt
- → 1 TL Meersalz
- → 1 EL helle Misopaste oder Hefeflocken
- → 50 g eingelegte, mittelscharfe Peperoni, in Streifen geschnitten
- → 100 g TK-Erbsen
- → 1 TL schwarzer Pfeffer, frisch gemahlen

AUSSERDEM:

- → 8 mittelgroße rote Spitzpaprika
- → 50 g weißes Cashewmus
- → 1 EL weißer Balsamicoessig
- → 1 kleine Knoblauchzehe, abgezogen
- → 3 EL Olivenöl
- → natürliches Salz
- → schwarzer Pfeffer, frisch gemahlen
- → 100 g Reis- oder ein anderes Mehl
- → 100 g Semmelbrösel
- → 1 l Öl zum Frittieren

FÜR 3–4 PERSONEN
ZUBEREITUNGSZEIT: 40 MINUTEN

FÜR DEN KRAPFENTEIG:

- → 250 g Süßkartoffeln, geschält und in 2 cm große Würfel geschnitten
- → 2 TL natürliches Salz
- → 250 g weiße Bohnen, gekocht
- → ½ TL schwarzer Pfeffer, frisch gemahlen
- → 1 TL Knoblauchpulver
- → 2 EL Würz-Hefeflocken
- → 1 kleine Knoblauchzehe, abgezogen und gerieben
- → 2 EL Petersilie, fein geschnitten
- → 1 ½ TL Backpulver
- → 1 gute Prise geräuchertes Paprikapulver
- → 50 g Dinkelmehl Type 630

FÜR DAS SENF-SAHNE-KRAUT:

- → 1 großer, süß-säuerlicher Bio-Apfel, entkernt
- → 2 EL neutrales Öl
- → 1 Zwiebel, abgezogen und in feine Ringe geschnitten
- → 1 EL Ahornsirup
- → 200 g frisches Sauerkraut
- → 2 TL Dijonsenf
- → 150 ml milde Gemüsebrühe
- → 1 EL weißes Mandelmus
- → 1 TL natürliches Salz
- → Salz und Senf zum Abschmecken

AUSSERDEM:

- → 1 l Öl zum Frittieren

FÜR 3–4 PERSONEN
ZUBEREITUNGSZEIT: 40 MINUTEN

SÜSSKARTOFFEL-BOHNEN-KRAPFEN

MIT SENF-SAHNE-KRAUT

Für den Krapfenteig die Süßkartoffelwürfel in 0,5 Liter Wasser mit 1 Teelöffel Salz für 15 Minuten sehr weich kochen. Währenddessen die restlichen Zutaten bis auf das Mehl in einer Schüssel mischen. Abgegossene Süßkartoffelwürfel dazugeben und alles mit dem Kartoffelstampfer zu einem leicht stückigen Teig zerdrücken. Jetzt das Mehl dazugeben und alles gut durchmischen. Zum Auskühlen in den Kühlschrank stellen.

Für das Senf-Sahne-Kraut den Apfel grob raspeln. Eine große, schwere Pfanne erhitzen, das Öl hineingeben und die Zwiebelringe darin anrösten. Mit Ahornsirup ablöschen, kurz karamellisieren lassen, dann Sauerkraut, Apfelraspel und Senf dazugeben und gut durchmischen. Mit Brühe ablöschen und zugedeckt 20 Minuten sanft köcheln lassen. Mandelmus und Salz dazugeben, gut durchmischen und mit Salz und Senf abschmecken.

Das Öl zum Frittieren in einem kleinen Topf erhitzen, bis an einem hineingehaltenen Holzkochlöffel gleichmäßig und kräftig Bläschen aufsteigen. Mit einem Teelöffel kleine Nocken aus dem Teig ziehen und mithilfe eines zweiten Löffels direkt über dem heißen Fett vorsichtig in den Topf gleiten lassen, sodass es nicht spritzt. So viele Nocken ins Fett geben, wie nebeneinander in den Topf passen. 3 bis 4 Minuten knusprig und braun frittieren. Mit einer Schaumkelle herausheben und auf Küchenpapier abtropfen lassen. So fortfahren, bis der Teig aufgebraucht ist. Die Süßkartoffel-Bohnen-Krapfen mit etwas Salz würzen und mit dem Senf-Sahne-Kraut servieren.

TIPPS: Die Krapfen nicht zu groß machen, so hat man mehr knusprige Hülle im Verhältnis zum cremigen Inneren. Die Krapfen schmecken als kleiner Snack genauso lecker wie in einem Hauptgericht zusammen mit dem Kraut. Dazu gibt es bei mir dann immer eine große Portion frischen Salat, um das Fettige ein wenig auszugleichen. Die Petersiliensalsa von Seite 31 passt auch hervorragend dazu.

SÜDTIROLER TIRTLAN
MIT KRAUTFÜLLE

Für den Teig alle Zutaten in 5 bis 10 Minuten zu einem homogenen, nicht klebrigen Teig kneten und in Folie einschlagen. Mindestens 15 Minuten ruhen lassen.

In der Zwischenzeit für die Fülle eine Pfanne erhitzen, das Öl hineingeben und Tofu sowie Zwiebelwürfel darin braun rösten. Apfelraspel dazugeben, gut durchmischen. Sauerkraut dazugeben und mit Salz, Pfeffer sowie Ahornsirup würzen. 10 Minuten sanft köcheln, es sollte eine eher trockene Krautmasse entstehen. Basilikum unterrühren, abschmecken und zum Auskühlen in den Kühlschrank geben.

Den Teig auf der bemehlten Arbeitsfläche 2 Millimeter dünn ausrollen. Kreise von etwa 10 Zentimeter Durchmesser ausstechen. Die Fülle etwa 1 Zentimeter hoch auf die Hälfte der Teigkreise geben, dabei rund 2 Zentimeter Rand frei lassen. Rand befeuchten, die restlichen Teigkreise auflegen und die Ränder gut zusammenpressen. Nach Belieben mit der Gabel verzieren.

Das Öl zum Frittieren in einem kleinen Topf erhitzen, bis an einem hineingehaltenen Holzkochlöffel gleichmäßig und kräftig Bläschen aufsteigen. Die Tirtlan im heißen Fett 3 bis 4 Minuten goldbraun und knusprig frittieren und auf Küchenpapier abtropfen lassen. Lauwarm nach Belieben mit Apfelmus servieren.

FÜR DEN TEIG:

- → 130 g Roggenmehl
- → 130 g Dinkelmehl Type 630
- → 125 ml Soja-Pflanzendrink oder Wasser
- → 2 EL desodoriertes/neutrales Bratöl
- → 1 TL Salz

FÜR DIE FÜLLE:

- → 4 EL Olivenöl
- → 100 g Räuchertofu, fein zerkrümelt
- → 1 Zwiebel, abgezogen und fein gewürfelt
- → 1 mittelgroßer Bio-Apfel, entkernt und fein geraspelt
- → 600 g Sauerkraut
- → 1 TL natürliches Salz
- → ½ TL schwarzer Pfeffer, frisch gemahlen
- → 1 TL Ahornsirup
- → 2 EL Basilikum, fein geschnitten

AUSSERDEM:

- → Mehl für die Arbeitsfläche
- → 1 l Öl zum Frittieren

FÜR 3–4 PERSONEN
ZUBEREITUNGSZEIT: 40 MINUTEN

GLÜCKSROLLEN
MIT HOISIN-SOSSE

FÜR DIE GLÜCKSROLLEN:

- → 400 g Kräuterseitlinge, in 1 ½ cm breite Streifen geschnitten
- → Öl zum Anbraten
- → Salz
- → 6 Blatt Reispapier (aus dem Asialaden)
- → 400 g Chinakohl, fein gehobelt
- → 200 g Spinatblätter
- → 50 g Rote Bete, geschält und fein geraspelt
- → 1 Mango, in 1 × 5 cm große Stifte geschnitten
- → 20 Basilikumblätter, fein gehackt

FÜR DIE HOISIN-SOSSE:

- → 60 g Erdnussmus
- → 60 g Sojasoße
- → 40 g weißer Balsamicoessig
- → 30 g Ahornsirup
- → 60 g geröstetes Sesamöl
- → 1 Prise Knoblauchpulver
- → 2 g edelsüßes Paprikapulver
- → 1 Prise Zimtpulver
- → 1 Prise Anispulver

FÜR DAS TOPPING:

- → 3 EL Sesam, geröstet
- → 3 EL Kokoschips, geröstet
- → 3 EL Rettichsprossen

AUSSERDEM:

- → 1 l Öl zum Frittieren

FÜR 2–3 PERSONEN
ZUBEREITUNGSZEIT: 35 MINUTEN

Für die Glücksrollen die Pilze in etwas Öl knusprig braun braten und mit etwas Salz würzen. Die Reispapierblätter in einer Schale mit warmem Wasser 2 Minuten einweichen. 1 Blatt vorsichtig auf einem Plastikschneidebrett faltenfrei ausbreiten. Den gehobelten Kohl am unteren Rand beginnend 3 Millimeter dünn verteilen. Dabei links und rechts sowie am oberen Rand 3 Zentimeter frei lassen. Auf dem Kohl Spinatblätter lückenlos ausbreiten. Rote Bete, Mango, Basilikum und gebratene Pilzstreifen daraufgeben. Nun die beiden freien Ränder des Reispapierblatts vorsichtig einschlagen und von vorn vorsichtig, aber straff aufrollen. Die übrigen Reispapierblätter ebenso verarbeiten.

Für die Hoisin-Soße alle Zutaten im Mixer glatt pürieren.

Das Öl zum Frittieren in einem kleinen Topf erhitzen, bis an einem hineingehaltenen Holzkochlöffel gleichmäßig und kräftig Bläschen aufsteigen. Die Röllchen nacheinander knusprig braun frittieren und auf Küchenpapier abtropfen lassen. Mittig im 45-Grad-Winkel durchschneiden, auf Tellern anrichten, mit dem Topping garnieren und mit der Soße servieren.

APFELKÜCHERL MIT
PRALINENFÜLLUNG

FÜR DEN TEIG:

- → 80 g Dinkelmehl Type 630
- → 10 g Kichererbsenmehl
- → ½ TL Salz
- → 1 gute Prise Vanillepulver
- → 1 TL Backpulver
- → 1 TL abgeriebene Schale von 1 Bio-Orange
- → 1 TL Ahornsirup
- → 125 ml helles Bier

AUSSERDEM:

- → ca. 10 vegane Schokopralinen
- → 2 Boskop-Äpfel, geschält
- → 1 l Öl zum Frittieren
- → Puderzucker und Zimtpulver zum Bestäuben
- → frische Beeren zum Garnieren

FÜR 3–4 PERSONEN
ARBEITSZEIT: 30 MINUTEN
KÜHLZEIT: 3 STUNDEN

Die Pralinen für mindestens 3 Stunden ins Tiefkühlfach geben.

Die Äpfel mit einem Ausstecher entkernen, dabei die Löcher der Größe der Pralinen anpassen. Das Fruchtfleisch in etwa 10 zirka 1½ Zentimeter dicke Scheiben schneiden.

Für den Teig beide Mehle, Salz, Vanille- und Backpulver sowie Orangenschale mischen. Mit Ahornsirup und Bier zu einem glatten Teig verarbeiten und 5 Minuten ruhen lassen.

Das Öl zum Frittieren in einem kleinen Topf erhitzen, bis an einem hineingehaltenen Holzkochlöffel gleichmäßig und kräftig Bläschen aufsteigen. Die tiefgekühlten Pralinen jeweils so in das Apfelloch drücken, dass sie feststecken. Dann die Apfel-Pralinen-Scheiben durch den Teig ziehen, etwas abtropfen lassen und in das heiße Fett geben. Wichtig: Es muss ausreichend Teig um die Praline herum vorhanden sein, sonst läuft diese aus. Der Teig muss also relativ dick sein. Schwimmend frittieren, bis der Teig goldgelb und knusprig ist. Anschließend auf Küchenpapier abtropfen lassen. Auf Tellern anrichten und mit Puderzucker sowie Zimt bestäubt und mit frischen Beeren garniert servieren.

MINI-REIS-APFELSTRUDEL

Die Kokosflocken in einer Pfanne ohne Fett braun rösten und beiseitestellen. Die Rosinen mit dem Rum und 50 Milliliter Wasser in einem kleinen Topf kurz aufkochen und ziehen lassen. Zitronensaft, Ahornsirup, Orangenblütenwasser, Vanille, Zimt, Orangenschale, Salz und Mandelmus gut verrühren. Die Äpfel schälen, vierteln und entkernen. Die Viertel in sehr dünne Scheiben schneiden und vorsichtig mit der Gewürzmischung vermengen. Die durchgezogenen Rosinen und die Kokosflocken dazugeben.

Eine Schüssel mit einem Durchmesser, der größer ist als die Reisplatten, etwa 5 Zentimeter hoch mit lauwarmem Wasser füllen. Nun jeweils 2 Reisplatten fest zusammengedrückt vorsichtig in das Wasser tauchen. Darauf achten, dass die beiden Platten fest zusammenkleben. 1 bis 3 Minuten im Wasser lassen, bis die Teigplatten geschmeidig weich sind. Anschließend auf einem Plastikschneidebrett (kein Holzbrett) gleichmäßig ausbreiten.

Mit ¼ der Apfelmischung belegen, dabei links und rechts etwa 3 Zentimeter Rand frei lassen, hinten 4 Zentimeter. Links und rechts einschlagen und von vorn vorsichtig, aber straff aufrollen. Die Rollen mit etwas Abstand zueinander auf einen befeuchteten Teller legen.

Das Öl zum Frittieren in einem kleinen Topf erhitzen, bis an einem hineingehaltenen Holzkochlöffel gleichmäßig und kräftig Bläschen aufsteigen. Je nach Topfgröße jeweils 1 bis 2 Strudel für 4 bis 6 Minuten darin knusprig und goldgelb frittieren und auf Küchenpapier abtropfen lassen. 2 bis 3 Minuten abkühlen lassen und mit Puderzucker bestäubt sowie nach Belieben mit frischen Früchten wie Blaubeeren garniert servieren.

TIPPS: Die doppelte Reisteigschicht verhindert, dass die Strudel beim Frittieren brechen.

Die Ministrudel schmecken mit einer Kugel Eis und ein paar frischen Beeren besonders lecker.

- → 2 EL Kokosflocken
- → 4 EL Rosinen
- → 2 EL Rum
- → 2 EL Zitronensaft
- → 2 EL Ahornsirup
- → 1 TL Orangenblütenwasser
- → ½ TL Vanillemark oder Tonkabohne, frisch gerieben
- → ½ TL frisch geriebene Zimtstange
- → ½ TL abgeriebene Schale von 1 Bio-Orange
- → ¼ TL natürliches Salz
- → 50 g weißes Mandelmus
- → 4 kleine oder 2 sehr große Boskop-Äpfel
- → 8 Platten Reispapier für vietnamesische Sommerrollen (aus dem Asialaden)
- → 1 l Öl zum Frittieren
- → Puderzucker zum Bestäuben

FÜR 3–4 PERSONEN
BZW. 4 MINISTRUDEL
ZUBEREITUNGSZEIT:
30 MINUTEN

REGISTER

Basisrezepte

Basis-Würzpaste 23
Fermentiertes Kimchi à la Copien 22
Schneller Kimchi-Ersatz 23

Frittiert

Apfelkücherl mit Pralinenfüllung 186
Avocado-Wedges mit Misodip 177
Blumenkohl & Tofu im Backteig 174
Dinkel-Samosas mit Paprika-Kartoffel-Füllung 173
Glücksrollen mit Hoisin-Soße 185
Japanische Korokke 170
Mini-Reis-Apfelstrudel 188
Spitzpaprika paniert & gefüllt 178
Südtiroler Tirtlan mit Krautfülle 182
Süßkartoffel-Bohnen-Krapfen mit Senf-Sahne-Kraut 181

Gebraten

Banh Xeo – vietnamesische Reispfannkuchen 163
BLT-Tempeh-Sandwich 164
Getreidekugeln in fruchtiger Tomatensoße 148
Glasnudeln Korean Style 152
Kaiserlicher Bananenschmarrn mit Apfelröster 167
Kartoffelpufferturm mit Spargelbéchamel 160
Kottu Roti mit Cashew-Rüben-Curry 155
Pfannen-Rührtofu mit knusprigen Maultaschen 151
Quesadilla ohne Käse 156
Umami Tacos 159

Gedämpft

Dampfpäckchen asiatischer Art 112
Dampfpäckchen orientalischer Art 111
Dim Sum mit Shiitake-Linsen-Füllung 104
Hefetaschen mit BBQ-Gemüse, Spinatsalat & Aioli 116
Idli – Bohnen-Reis-Küchlein mit Papaya-Apfel-Chutney 115
Kartoffelroulade mit Paprikacremesoße 108
Mamas fluffige Dinkel-Germknödel 120
Quinoa-Kraut-Wickerl mit Kürbis-Kartoffel-Stampf & Karottensoße 119
Schoko-Banane-Dumplings mit Mango-Apfel-Chutney 123
Seitan-Tempeh-Steaks & -Aufschnitt 107

Gegrillt

Avocado mit Seitling-Ceviche 134
BBQ-Butter-Spitzkohl mit Kartoffelkäse & Kürbiskernen 130
Brokkolisteak mit Harissa-Melonen-Joghurt 126
Cevapcici-Hotdog mit Veggie-Hack & Olivensalsa 141
Feuer-Fladenbrotschale gefüllt mit Süßkartoffeln & Joghurt 137
Glutgeschmorte Rote Bete mit Borlottibohnendip 129
Karamell-Pizza mit Fruchtjoghurt & Mango-Kokos-Sambal 142
Knuspriges Big Steak mit Wet Rub 133
Miso-Karamell-Früchte mit Schokoparfait 145
Tomaten-Tempeh-Schaschlik auf Fenchel-Paprika-Salat 138

Gekocht

Cashew-Veggie Korma 82
Eintopf mit Erdnuss & Süßkartoffel 98
Golden-Milk-Kokos-Risotto mit gegrillter Banane 101
Linseneintopf mit Spätzle & Petersiliensahne 86
Plant-Based Paella 97
Potstickers mit Kokos-Röst-Brühe 89
Roter Slaw mit Chana Masala, Reisnudeln & Sesamkohlrabi 93
Schnelles Kimchi-Kichererbsen-Chili 85
Smoky One-Pot Veggie-Linguine 90
Umami Udonnudelsuppe 94

Geräuchert

Blätterteigschnecken mit Mandel-Cashew-Creme 48
Buchweizenblinis mit geräucherter Paprika & Senfsoße 51
Dosa-Pfannkuchen mit Zwiebeln & Smoked Paprika 56
Smoked Pulled-Seitling-Slider 52
Spargel mit Cashew-Hollandaise auf geräucherten Linsen 55

Geröstet & gebacken

Blumenkohl mit Couscous & Joghurtdip 60
Bratapfel mit Bananenbrot-Schoko-Füllung 79
Chia-Grießauflauf mit Kirschen 76
Enchiladas mit Chili & Smoky Béchamel 67
Gefüllte Paprika Lasagne-Style 63
Hokkaido Mac-&-Cheese mit Gemüse 72
Neuseeländische Jackfruit-Mini-Pies 64
Pizza Calzone mit Cashew-Cream-Cheese 68
Rainbow Veggie Roast mit Reisnudelkraut 75
Tomaten-Bisque mit Linsensalat & Avocadobaguette 71

Geschmort

Gemüsecurry kreolischer Art mit geschmortem Sellerie 40
Gulaschsuppe nach Mamas Art 28
Jambalaya kreolischer Art 39
Kimchi-Sojarouladen 43
Marokkanischer Maroni-Jackfruit-Schmortopf 31
New-Orleans-Gumbo mit Dumplings 36
Pilzragout mit Spinatnocken 44
Portobello-Bourguignon-Pot-Pie 32
Schakschuka mit Hummus 27
Tscholent – israelischer Schmortopf 35

IMPRESSUM

Bildnachweis: Alle Fotos von Hansi Heckmair

Projektleitung: Dr. Harald Kämmerer

Redaktion: Dr. Ulrike Kretschmer

Schlussredaktion: Susanne Schneider

Bildredaktion: Bele Engels

Rezepte: Sebastian Copien

Layout, Umschlaggestaltung & Satz: OH, JA!
(www.oh-ja.com)

Reproduktion: Mohn Media Mohndruck GmbH, Gütersloh

Druck und Verarbeitung: Alföldi Nyomda Zrt., Debrecen

Printed in Hungary

Penguin Random House Verlagsgruppe FSC® N001967

ISBN 978-3-517-09991-0 | www.suedwest-verlag.de